倭語論

卑彌呼の言語の解読レポート

貫名康之

東京図書出版

はじめに

私は、魏志倭人伝の中で、漢字で記載された、倭人の言葉の解読に、成功しました。この文章は、そのレポートです。

魏志倭人伝と言うのは通称で、三國志、魏書、烏丸鮮卑東夷傳第三十の中の倭人について書かれた部分です。倭人伝と言うのは、後世の人がつけたタイトルのようで、烏丸鮮卑東夷傳第三十の中では、まず匈奴や烏丸や鮮卑の蠻夷の要約があり、その後は公孫氏により東夷との交信が途絶え、その後に復活し、東夷の詳細が分かるようになった事情が述べられています。

その後に、夫餘、高句麗、東沃沮、挹婁、濊、韓の夫々の東夷の地理、風土風俗、歴史の記述が続きます。夫々の東夷について述べた部分を、一般に伝を付けて、例えば夫餘伝のように呼んでいます。韓伝では、韓に馬韓、辰韓、弁韓の三種があるので、細分化して、夫々馬韓伝、辰韓伝、弁韓伝と言います。倭人伝は韓伝の後、烏丸鮮卑東夷傳第三十の最後に置かれた東夷の国ですが、この国だけは倭伝ではなくて、倭人伝です。三國志は中国の晋の時代に、前の時代の魏呉蜀の三国時代を記述したもので、中国の正史の一つに数えられています。編著者は陳寿です。

三國志の漢籍原文は、「三国志（原文）を全文検索」と題したサイト（http://www.seisaku.bz/sangokushi.html）で公開されていて、誰もが閲覧し、文字検索しながら調べることが出来ます。他にも多くのサイトがありますが、中文サイトが多く、簡体文字を読むのが苦手なもので、私はこのサイトを使っています。中文サイトに読みに行くのは、写本の版の違いを確認する時だけです。また、この本の中では、地名の上代の声音を知るために、日本書紀を参照しているところがあります。日本書紀の原文は、「日本書紀（原文）を全文検索」と題したサイト（http://www.seisaku.bz/shoki_index.html）で公開されています。古事記の原文も、このサイトからリンクを伝って、見ることが出来ます。

このレポートの読者は、私よりもこの手の漢籍の読書力に優れ、古代史にも精通しておられることを想定しておりますので、訳文は必要ないと思いますが、中には魏志倭人伝は初めてという方もいらっしゃるかと思います。そういう方は、一旦、訳文を読んで、概略を理解した上で、原文にあたるようにした方がよいと思います。これも検索をかければ、多くのサイトが見つかる筈《はず》です。私もネットから多くの知識を得ました。訳文なしには、倭人の言葉の解読までは、行きつけなかったと思います。しかし、特定のサイトを紹介しません。何故かというと、私の読み方や解釈と、諸先生方の読み方や解釈が、大事なところで所々異なるのです。お世話になった諸先生方を名指しで、誤訳の指摘をすることは、私には耐え難いことなのです。

よく使っている辞書に、『和名類聚抄　20巻』があります。これは国立国会図書館デジタルコレクションの中にあり、ネット公開されています。これも検索をかければ簡単に見つかります。また多くの辞書を使っています。漢字辞典、漢和辞典、国語辞典、古語辞典、万葉仮名一覧、韓国語辞典など。これらは、ネットで使える辞書を読み比べて使っています。

「万葉集」のデータの出所は、岩波文庫の『原文万葉集』です。フォントはネット上で流通しているものを使っています。

このレポートの第一ターゲットは、魏志倭人伝の倭語の解読ですが、魏志倭人伝の後は、解読ノーハウを生かして、半島の倭語、大陸の倭語を追いかけて行きます。倭語の故郷が知りたいのです。そのために「史記」「漢書」「後漢書」「魏書」「隋書」「舊唐書」「三國史記」を引用します。これらは「Chinese Text Project」(http://ctext.org/)、「歴代倭人伝資料の縦断検索」(http://www.seisaku.bz/rekidai_wajinden.html)、「Wikisource」中文版（https://zh.wikisource.org/wiki/Wikisource）の複数のサイトを参照しています。

このレポートが拠って立つ、原資料と参考資料は以上の通りです。次に言葉遣いについて、少しコメントしておきます。このレポートでは日本語を和語と表記します。古語を含めて和語です。これに対し、倭人の言葉は倭語です。倭語は上代古語（奈良時代の古語）のさらに古語なのですが、このレポートの主題ですので、明確に区別しておく必要があります。

中国語は漢語です。漢字は漢語の文字で、原則的に一文字が漢語の一単語に相当します。

和語と倭語で、漢字に充てられた声音には、訓読《クンよ》みと音読《オンよ》みの区別があります。和語の訓読みは和訓で、和語の音読みは和音、倭語の訓読みは倭訓で、倭語の音読みは倭音です。和音は、輸入された漢語の声音であり、輸入された時代の古い方から順に、呉音、漢音、唐音などの区別があるとされています。また、和訓と倭訓は、和語と倭語の話し言葉、口語であって、基本的に同じものです。倭語の話をするので、特に現代日本語を意識する必要がない場合は、倭訓の方を使うように心がけます。倭音には、和音とは異なる、独特のものがあります。これは本書が明らかにする主題の一部になるので、論説の中で説明します。

倭語と和語の漢字の使い方には、仮名と真名の区別があります。仮名は、漢字の声音（字音）を表し、漢字の持つ意味（字義）とは関係がない使い方をするもので、口語の声音をそのまま書き綴るものです。これは、漢字の表音文字遣いです。漢語でも外来語に漢語の声音を当て嵌《は》め、仮名のような使い方をする場合が有りますが、この場合は音写《オンシャ》と呼ぶことにします。平仮名と片仮名が発明される前は、口語の声音は万葉仮名で書き綴られています。万葉仮名は和語の上代古語で使われた仮名です。主として呉音が使われており、音読みの初頭音節を字音に充てることを借音、借音の万葉仮名は音仮名です。一部の万葉仮名は、和訓の初頭音節を読みに充てているように見えます。これを借訓、このような仮名は訓仮名です。倭語の仮名は、倭仮名と呼ぶことにします。倭仮名には、よく知られている万葉仮名とは異なる、独特のものが多くあります。これは本書が明らかにする主題の一部になるので、論説の中で説明します。

真名は、漢字の文様と声音と意味とをセットで持つ、漢字本来の使い方です。和語では普通、漢字の声音は呉音、漢音、唐音の音読みと、和語の意味を充てた訓読みです。真名を綴って書かれた文章は漢文で、これは漢語です。倭語の真名は、倭真名と呼ぶことにします。倭真名は、漢語の真名とは異なり、独特の声音を持っています。これは本書が明らかにする主題の一部になるので、論説の中で説明します。

次に引用符の使い方について、少しコメントしておきます。このレポートの中では、漢文の和訳などの普通の引用には「」を、魏志倭人伝などの漢籍原文からの直接的な引用には『』を、声音、発音を示すための引用符には[]を使います。[]の中には、平仮名、片仮名、ローマ字が入ります。()は私からのコメントです。話が込み入ってくると、チャンと使い分けないと、訳が分からなくなります。

用語や記法の準備が出来たので、次に倭語の読解にチャレンジするための作戦の概要を提示しておきます。

最初にしなければならないのは、未解読の倭語をどのように解読すべきか、解読のノーハウを用意することです。この解読の練習問題として「万葉集」の定訓の無い未解読歌を使います。「万葉集」は、まだ和語ですが、魏志倭人伝の倭語に似て、漢字を仮名扱いした万葉仮名で表記されています。

次は、魏志倭人伝に出てくる、漢字表記の倭語の声音法則を知ることです。そのために、魏志倭人伝の中で、倭仮名で表記された国名の正確な比定地を求めます。これは魏志倭人伝の地理的な記述を素直に読めば、簡単に出来ることなのです。しかし、別の意味で大変難しく、未だに定説がない状態です。ここでは、私流の素直な読み方を、強要します。定説がなく、諸説が交錯する中で、色々な説を各個撃破しようとしても、出来ることではありません。私流の素直な読み方をすれば、結果として倭語の解読が出来たのですから、私の読み方は他説にはない実績のある説なのです。異論はあるとは思いますが、「文句があるなら、貴方の読み方で、倭語を解読して見せてください」と居直っておきます（笑）

さらに比定地の古い時代の地名の声音を調べ、倭仮名で表記された国名と一致すると信じえる声音をピックアップします。ここは無理をする必要はありません。遠回しな推定は避け、自信の持てるものだけに絞るべきです。地名の古い読みを追っていくと、行き着くところは、日本書紀です。ここでピックアップされる声音は万葉仮名表記です。

さらに、ピックアップされた声音と漢字のセットを、和音や、和訓=倭訓や、万葉仮名と見比べて、倭語の声音法則を見出します。

その次には解読のノーハウと、倭語の声音法則から、倭仮名で表記された国名、人名、官名などの倭語を倭真名に変換する手段を設定します。真名と言うのは、漢字の文様と声音（字音）と単語の意味（字義）とがセットになったものです。変換された倭真名を見れば、国名、人名、官名が、どう言う意味の命名なのかが、分かるようになります。しかし、その意味と言うのは、何処に由来しているかと言うと、陳寿が記述した漢文から拾ってくるわけですから、漢文の読解が重要な要素になった方法論なのです。

その後に、いよいよ倭語の解読が始まります。

倭語論◇目次

はじめに …… 1
万葉集の未解読歌の解読 …… 13
万葉集の未解読歌を解読し、仮名漢字文の解読ノーハウを探る
魏志倭人伝、国名の比定地 …… 32
倭人伝の方位里程から、夫々の国の現代地図上の比定地を求める
声音のピックアップ …… 45
比定地古地名と、倭人伝国名の対比から、有効な仮名漢字の声音を集める
倭音の法則 …… 50
仮名漢字の声音と字義との対応関係を法則化
倭真名変換法 …… 54
倭語の具体的な解読手法を提示
魏志倭人伝の倭語の解読 …… 57

仮名漢字34文字、倭語23単語の声音と意味との解読に成功

魏志韓伝の倭語 …… 123
魏志韓伝に倭真名変換法を適用、馬韓の言語も倭語

匈奴の言語 …… 148
倭語の故郷を求めて、漢書匈奴傳の匈奴語に倭真名変換法を適用

五帝夏后の言語 …… 171
史記本紀に残る五帝夏后の言語に倭真名変換法を適用、倭語は汎東洋言語

鮮卑、突厥の言語 …… 206
時代を下り、鮮卑、突厥の言語に倭真名変換法を適用、倭／漢声変換の導出

新羅、高句麗、百済の言語 …… 239
三國史記の初期朝鮮王統の倭語解読、倭／漢声変換の確認

遣隋使の残した倭語 …… 260

隋書俀國傳の倭語解読、その後で、倭語は和語となった
金錯銘鉄剣について …… 279
稲荷山古墳出土金錯銘鉄剣の銘文訓読への疑義
おわりに …… 289

万葉集の未解読歌の解読

倭語解読のノーハウを探るのが、ここでの目的です。この解読の練習問題として「万葉集」の定訓の無い未解読歌を使います。「万葉集」は、まだ和語ですが、魏志倭人伝の倭語に似て、漢字で表記されています。漢字は、真名遣いと仮名遣いが入り交じっています。万葉集で使われる仮名は、万葉仮名と呼ばれ、既に解読されており、万葉仮名一覧表にまとめられ、多くの辞書で見ることが出来ます。

◇万葉集0160持統天皇

最初に取り上げるのは、持統《ジトウ》天皇の御製《ギョセイ》です。原データを表1に掲げておきます。

表-1　万葉集0160持統天皇　原データ

連番	0160				
原題	一書曰、天皇崩之時、太上天皇御製歌二首				
原文	燃火物	取而裹而	福路庭	入澄不言八面	智男雲
声音	もゆるひも	とりてつつみて	ふくろには	いるといはずやも	
訓読	燃ゆる火も	取りて包みて	袋には	入ると言はずやも	

万葉集の編纂《ヘンサン》当時から在ったのは、原題と原文のみであって、声音、訓読は後世の人が原文を読んで付けたものと思われます。編纂当時に平仮名、片仮名が有った筈《はず》はありません。

原文の中の『燃火物取而裹而福路庭入澄不言八面』が『燃《も》ゆる火《ひ》も、取《と》りて包《つつ》みて、袋《ふくろ》には、入《い》ると言《い》はずやも』と解読されています。これを見て私は感心してしまいました。訓読の内容は、皇后（後の持統天皇）が、亡くなられた天皇（天武《テンム》天皇）の亡骸《なきがら》を、火葬にしないでと、駄々《ダダ》をこねたのだ、と思えますが、原題の『一書曰、天皇崩之時、太上天皇御製歌二首』からはこのシーンを想定することは不可能に見えます。意味が分からないのに解読できる、私には、これが超解読に見えたのです。

天武持統合葬陵は、鎌倉時代の文暦二年（西暦１２３５年）に盗掘にあい、その時の検分記録が、今に伝わっています。天武天皇の亡骸は棺の中に白骨となって残っており、持統天皇の亡骸は火葬されて、骨壺に納めてあったものが、路上に捨てられていたそうです。そうすると、皇后であった持統天皇が、天武天皇の亡骸を火葬にしないで、と駄々《ダダ》をこねたので、火葬にされなかったと言うシーンの解釈は、正解であるように見えます。

私には超解読は出来ませんが、原文の『智男雲』は簡単に解読することが出来ます。どのように解読したかを、表Ⅰ-２に示します。

この解読表の書き方は、解読に当たっての基本的なスタイルです。「仮名漢字」の列には予《あらかじ》め智男雲の三文字を入れておきます。右側の「音、訓、仮名」の列には、その文字について、知っている限りの声音を入れておきます。智男雲の読み方は、必ずこの声音の中に在ります。

智の字の呉音は［チ］、和訓は［さとい］［かしこい］［ちえ］です。智の字には万葉仮名は知られていません。男の字の呉音は［ナン］、和訓は［おとこ］［むすこ］です。万葉仮名は［を］です。雲の字の呉音は［ウン］、和訓は［くも］［そら］です。万葉仮名は［う］です。

この声音の候補に対して、意味を対応させます。見比べるべき意味、ここではシーンですが、それは皇后の気持ちや動作です。天皇が亡くなられたのですから、悲しいのか、悔やんでいるのか、泣いているのか、それぐらいしか私には考え付きません。これらと前の声音の候補を見合わせると、智男雲の三文字ともが単音節仮名であると仮定すれば、「さ泣《な》く」が一番近い答えでしょう。しかし、どこか切れの悪い言い方です。［く］を表した漢字は雲の字ですから、雲の字をそのまま［くも］と読めば「さ泣《な》くも」で、これなら納得できます。このよ

表-2　万葉集　0160持統天皇の智男雲の解読表

訓読	声音	仮名漢字	音、訓、仮名
さ泣くも	サ	智	チ（呉）（漢）、**さ**とい、かしこい、ちえ
	ナ	男	**ナ**ン（呉）、ダン（漢）、おとこ、むすこ、を（仮）
	クモ	雲	ウン（呉）（漢）、**くも**、そら、う（仮）

注）さ：感動詞、も：強調の終助詞

うにして決めた声音で解読表の「声音」の列を埋め、読みで「訓読」の列を埋めて、読解表が完成します。

「さ」は感動詞でしょう。「も」は、強調の終助詞でしょう。現代語訳は「ああ、豪《えら》く泣けてくる」くらいで良いのではないでしょうか。

表―2の解読表を眺めると、単音節の万葉仮名として、万葉仮名一覧表の中に当たった字がありません。智の字の［さ］は訓読みの初頭音節です。男の［ナ］は呉音の初頭音節です。雲は訓読みの二音節を使っています。

万葉仮名が含まれていなかったから、解読できなかったのでしょうか。それは、前の既読部分の『燃火物取而裏而福路庭入澄不言八面』の解読表を作成して、眺めてみれば、理解できるかも知れません。表―3に解読表を示します。

表を一見して分かるように、真名表記の多い、文章です。全部で十六文字、六句からなる文中に、燃火取裏入不言と七文字もの真名が入っています。真名が無いのは「袋には」の一句だけです。真名が入った五句を見ると、付属語の副詞や助詞の［モ］［テ］［ト］［ヤ］［モ］が皆《みな》仮名漢字になっており、繊麗《センレイ》された仮名遣いをしていることが分かります。仮名漢字の中で万葉仮名一覧表に一致するのは、［ト］と［ヤ］だけで、決して多いとは言えません。こうして

表-3　万葉集　0160持統天皇の解読表

訓読	声音	仮名漢字	音、訓、仮名
燃ゆる火も	モユル	(燃)	ネン (呉)、ゼン (漢)、もえる、**もゆる**
	ヒ	(火)	カ (呉) (漢)、**ひ**、ほ
	モ	物	**モ**ツ、**モ**チ (呉)、ブツ (漢)、**も**の、**も**のする
取りて	トリ	(取)	ス (呉)、シュ (漢)、**とる**
	テ	而	ニ (呉)、ジ (漢)、しかし**て**、しこうし**て**、に (仮)
包みて	ツツミ	(裹)	カ (呉) (漢)、たから、**つつむ**
	テ	而	ニ (呉)、ジ (漢)、しかし**て**、しこうし**て**、に (仮)
袋には	フク	福	**フク** (呉) (漢)、さいわい
	ロ	路	ル (呉)、**ロ** (漢)、じ、みち、ち (仮)、**ろ**甲 (仮)
	ニハ	庭	ジョウ (呉)、テイ (漢)、**にわ**
入ると	イル	(入)	ニュウ (呉)、ジュウ (漢)、**いる**、いれる、はいる
	ト	澄	ジョウ、ドウ (呉)、チョウ、**ト**ウ (漢)、すむ、**と**乙 (仮)
言はずやも	ズ	(不)	フ、ホチ (呉)、フウ、フツ (漢)、**ず**、いな、ざれば、ふ (仮)
	イハ	(言)	ゴン (呉)、ゲン (漢)、**いう**、こと
	ヤ	八	ハチ (呉)、ハツ (漢)、**や**、**や**つ、よう、は (仮)、**や** (仮)
	モ	面	メン (呉)、ベン (漢)、おも、おもて、つら、**も**、め甲 (仮)

注) 仮名漢字欄の ( ) は、真名であることを示す。

見ると、真名と副詞、助詞を分離した綺麗な書き方だったために、歌が詠まれたシーンを想定しなくても、容易に意味が取れたのだと思われます。それに引き換え、智男雲は真名が入っていない、これが読めなかった主原因のようです。万葉仮名一覧表に載っていない、当時の一般的な仮名漢字遣いから外れているのは、副原因のようです。

そうだとすると、『福路庭』の訓読の「袋には」は、怪しいのではないでしょうか。福路庭の三文字は、全て仮名です。なのに、シーンの解釈とは無関係に「袋には」の訓読を与えている。シーンが火葬であれば、「葺《ふ》く爐《ロ》」あるいは「覆爐《フクロ》」と書いて、上面を覆《おお》った火葬炉の意味に取る方が良いと思います。

◇万葉集０００９額田王

万葉集０１６０持統天皇では、定訓の無い未解読歌が読めてしまいました。気を良くして、万葉集の中の最大の難読歌に挑戦です。原データを表－４に示します。

表-4　万葉集0009額田王　原データ

連番	0009				
原題	幸于紀溫泉之時、額田王作歌				
原文	莫囂圓隣之	大相七兄爪謁氣	吾瀬子之	射立為兼	五可新何本
声音			わがせこが	いたたせりけむ	いつかしがもと
訓読			我が背子が	い立たせりけむ	嚴橿が本

『幸于紀温泉之時、額田王作歌』の原題があるので、天皇が紀伊の国の温泉に行幸《みゆき》された時に、道中の一つのシーンを詠《よ》んだ歌であることが分かります。当然ですが、天皇の行幸には、多くの皇族や高官が同行した筈《はず》です。そういう頭で、原文を見ていきます。

莫の字は、呉音が［マク］、漢音が［バク］、和訓が［ない］［なかれ］、万葉仮名は［な］です。囂の字は、呉音が［ゴウ］、漢音が［キョウ］、和訓が［かまびすしい］［やかましい］［わずらわしい］です。圓の字は、呉音も漢音も［エン］、和訓が［まるい］［まどか］［つぶら］です。これらの声音の候補と、多くの同行者を伴った行幸のイメージを重ね合わせると、莫囂圓は、同行者のことを仲間［なかま］と言っているように見えます。

そうすると、次の隣之の二文字は、［となりし］で、「と成りし」でしょう。隣の字は和訓が［となり］、之の字は呉音も漢音も［シ］で、万葉仮名も［し］です。莫囂圓隣之の五文字の通しでは［なかまとなりし］で「仲間と成りし」です。中間結果を既読表（表１－５）にしておきます。

既読表の一行目は原文の漢字の並びです。二行目は句の区切り毎にＡＢＣのナンバーを振ることにします。三行目は、声音です。四行目は、訓読です。

意味を手繰《たぐ》りながら解読する場合は、この形式が直観を引き出し易いからです。また之の字は、後でもう一度出て来ますが、既読表では同じ文字は、同じ声音を表す筈なので、これも一緒に確定した声音と考えて書き込みます。之の字の読みに二度悩む必要がなくなります。

表を一見して分かるように、「仲間と成りし」は丁度《チョウド》七音節になっています。この歌は七五調であることが予想されます。しかし、普通の和歌（短歌）が五七五七七で、最初の句が五音節であるのとは異なるようで、少々勘《カン》の狂う七五調のようです。また、「仲間と成りし」とくれば、その後の句には必ず仲間となった人物が続きます。

　次の大の字は呉音［ダイ］、漢音［タイ］、和訓は［おお］［おおきい］、万葉仮名は［た］か［だ］です。相の字は呉音［ソウ］、漢音［ショウ］、和訓は［あい］［ありさま］など沢山の訓があります。七の字は呉音［シチ］、漢音［シツ］、和訓は［なな］［なの］、万葉仮名は［な］です。どうも［おおあな］という人物名を言っているようです。しかし、［おおあな］だとすると、四音節で七五調にはなりません。次は兄の字ですから、これが何等かの助詞か副詞であれば、それを含めて五音節になるのですが、そのようには読めそうにありません。ということは、どうも七の字を［なの］の二音節として、句の全体では［おおあなの］と言っているようです。

　ところで［おおあな］と呼ばれた人物は何者でしょう。［おおあな］は「大穴」でしょうか。なんだか、競馬の話みたいです。大穴の二字で古事記、日本書紀を検索してみると、一番古いのは『大國主神・亦名謂大穴牟遲神』ですが、これで

表-5　万葉集0009額田王　既読表

莫	囂	圓	隣	之	大	相	七	兄	爪	謁	氣	吾	瀬	子	之	射	立	為	兼	五	可	新	何	本
A																								
ナ	カ	マ	トナリ	シ											シ									
仲間と成りし																								

は大分古《ふる》すぎます。次は垂仁天皇記に出てくる、『大穴磯部』ですが、これでも少々古すぎます。大穴での検索ではヒットしてくるのは、この二人だけです。大穴と言う名前を、穴の付く名前の家系の家長だろうと考えて、穴の一字だけで検索すると、結構色々な人物がヒットしてきます。一つは、安康《アンコウ》天皇が穴穂天皇《あなほのすめらみこ》と呼ばれています。次は欽明《キンメイ》天皇の皇子女に、泥部穴穂部《にべあなほべ》皇女（用明天皇の皇后で厩戸皇子の生母）と泥部穴穂部皇子がいます。どうも穴の付く一族は穴穂部［あなほべ］と言うらしいのです。その次には『天武天皇十二年九月乙酉朔丙戌』（西暦６８３年）『凡卅八氏賜姓曰連。』とあって、三十八の氏族が連《むらじ》の姓《かばね》を賜ったそうです。その中に『穴穂部造』が名前を連ねています。穴穂部造は［あなほべのみやつこ］と読むようです。日本書紀には、齊明《サイメイ》天皇の四年（西暦６５８年）に『幸紀温湯』と書いているので、大穴と言うのは、賜姓の25年前の若い時の穴穂部造でしょう。だとすると、詠《よ》み人《びと》の額田王《ぬかたのおおきみ》とあまり年齢の違わない皇族のようです。中間結果を、「既読表（その二）」（表－６）にしておきます。

「仲間と成りし、大穴の」とくると、その後に続く句には、必ず大穴の行動がきます。またその句も五音節か七音節の筈です。

兄の字は、呉音が［キョウ］、漢音が［ケイ］、和訓が［あに］［せ］、万葉仮名

表-6　万葉集0009額田王　既読表（その二）

莫	囂	圓	隣	之	大	相	七	兄	爪	謁	氣	吾	瀨	子	之	射	立	為	兼	五	可	新	何	本
A					B																			
ナ	カ	マ	トナリ	シ	オオ	アナ	ノ								シ									
仲間と成りし					大穴の																			

は「ヤ行」の「エ」だと言うことになっているようですが、どう書けば良いか分かりません。一応［いぇ］としておきます。爪の字は呉音が［ショウ］、漢音が［ソウ］、和訓が［つま］［つめ］［かく］です。謁の字は、呉音が［オチ］、漢音が［エツ］で、和訓は［まみえる］［もうす］［こう］などです。氣の字は、呉音が［ケ］、漢音が［キ］、和訓は［いき］［におい］［かおり］で、万葉仮名は［き甲］です。組み合わせの、場合の数の多い声音合わせですが、大穴の行動であることを考えると、おそらく［あにつまにおい］で「吾に妻に負い」だろうと思います。若い大穴は、行幸に新婚の夫婦で参加していたのでしょう。中間結果を、「既読表（その三）」（表-7）にしておきます。

妻を背負って歩くと言うのは、大変な重労働だと思うのですが、大穴夫妻《フサイ》は仲が良かったのでしょう。その大変なことをした結果が次の句になっている筈です。吾の字は、呉音が［グ］、漢音が［ゴ］で、和訓が［われ］［あ］［みち］、万葉仮名が［あ］です。瀬の字は、呉音漢音ともに［ライ］、和訓が［せ］、万葉仮名も［せ］です。子の字は呉音漢音ともに［シ］で、和訓が［こ］［おとこ］［ね］［み］、万葉仮名は［し］です。その次の、之の字は、既読で、［シ］であることが分かっています。これが重労働の結果だとすると、ここの読みは［あせしし］

表-7　万葉集0009額田王　既読表（その三）

莫	囂	圓	隣	之	大	相	七	兄	爪	謁	氣	吾	瀬	子	之	射	立	為	兼	五	可	新	何	本
A					B			C																
ナ	カ	マ	トナリ	シ	オオ	ア	ナノ	アニ	ツ	マ	ニオイ				シ									
仲間と成りし					大穴の			吾に妻に負い																

であって、「汗しし」だろうと思います。

　そうすると、その後ろは、汗をかきながら、何かをしているのでしょうけれど、ここは歩いているとか、行幸に参加しているとか、その類《たぐい》の意味を持った言葉に決まります。射の字は、呉音が［ジャ］、漢音が［シャ］、和訓が［いる］［うつ］［あてる］［さす］［いとう］［あたる］と沢山あります。万葉仮名は［ざ］です。立の字は、呉音漢音ともに［リュウ］、和訓は［たつ］［たてる］［ただちに］、万葉仮名も［た］です。為の字は、呉音漢音ともに［イ］、和訓は［する］［ため］［なる］［なす］［つくる］［おさめる］［なおす］［いつわる］［や］［か］［ため］と、嫌《いや》になるほど沢山あります。万葉仮名は［い］です。ここは歩いているとか、行幸に参加しているとか、その類の意味を持った言葉なのですから、おそらく声音は［いたす］で、訓読は「致《いた》す」でしょう。中間結果を、「既読表（その四）」（表-8）にしておきます。

　いよいよ最後の句になりますが、残り六文字で七音節を賄《まかな》うのですから、どれか一文字は、二音節のはずです。この句の意味は、予測し難いのですが、詠み人の額田王が、仲の良い大穴夫婦を見て、感想を述べている句の筈です。

　兼の字は、呉音漢音ともに［ケン］、和訓が［かねる］［あわせる］です。五の

表-8　万葉集0009額田王　既読表（その四）

莫	囂	圓	隣	之	大	相	七	兄	爪	謁	氣	吾	瀬	子	之	射	立	為	兼	五	可	新	何	本
A					B			C				D							E					
ナ	カ	マ	トナリ	シ	オオ	ア	ナノ	アニ	ツ	マ	ニオイ	ア	セ	シ	シ	イ	タ	ス						
仲間と成りし					大穴の			吾に妻に負い				汗しし致す												

字は、呉音漢音ともに［ゴ］、和訓が［いつ］、万葉仮名が［ご甲］です。可の字は、呉音が［ガ］、漢音が［カ］、和訓が［よい］［べし］［きく］［ばかり］、万葉仮名が［か］です。新の字は呉音漢音ともに［シン］、和訓は［あたらしい］［あらた］［にい］［あら］、万葉仮名は［し］です。ここは、詠み人の額田王が、仲の良い大穴夫婦を見て、感想を述べた部分ですから、おそらく声音は［かいよし］で、「甲《か》斐《い》良《よ》し」と言っているのだと思います。

ここまでで、四音節を使ったので、残り二文字で三音節の筈です。何の字は、呉音が［ガ］、漢音が［カ］、和訓が［なに］［なん］［なむ］［いずく］［いずれ］［いかん］で、万葉仮名が［か］です。本の字は、呉音漢音ともに［ホン］、和訓が［もと］［この］［その］［また］、万葉仮名は［ほ］です。前が「甲斐良し」ですから、ここは［なむも］であれば、通しでは「甲斐良しなむも」で、納得のいく意味の繋がりになります。最終結果を、「既読表（完成）」（表ー9）にしておきます。

オーバーオールでは「仲間《なかま》と成《な》りし、大穴《おおあな》の、吾《あ》に妻《つま》に負《お》い、汗《あせ》しし致《いた》す、甲《か》斐《い》良《よ》しなむも」です。

しかし、私にとっては「甲斐良しなむも」は、もう一つ意味がピンと来ません。

表-9　万葉集0009額田王　既読表（完成）

莫	囂	圓	隣	之	大	相	七	兄	爪	謁	氣	吾	瀬	子	之	射	立	為	兼	五	可	新	何	本
A					B			C				D							E					
ナ	カ	マ	トナリ	シ	オオ	ア	ナノ	アニ	ツ	マ	ニオイ	ア	セ	シ	シ	イ	タ	ス	カ	イ	ヨ	シ	ナム	モ
仲間と成りし					大穴の			吾に妻に負い				汗しし致す							甲斐良しなむも					

甲斐は「努力の対価としての成果」を意味する言葉でしょう。「なむ」は推量の助動詞、最後の「も」は詠嘆の終助詞でしょう。直訳して「努力したので、きっと良い成果があるに違いないでしょう」は、自信を持って現代語訳を書くことが出来ません。どうも頑張っている大穴への応援激励の言葉のようです。古語と言うのは遠回しで、まどろっこしい。現代語訳は「ガンバレ、大穴」ほどでしょうか。額田王という歌人は、皇室の応援団みたいな人だったようです。

また、少しだけ疑問もあります。甲斐を［かい］と仮名表記するのは、現代仮名遣いであって、歴史的仮名遣いでは［かひ］です。ですから、歴史的仮名遣いで声音を解釈すると、兼五の［かい］は、甲斐の［かひ］とは一致しないことに成ります。しかし、現代仮名遣いで［かい］と訓読みする漢字は、卵貝峡交匙買櫂など多数あるのですが、その全てが歴史的仮名遣いでは「かひ」です。このように見ていくと、歴史的仮名遣いは［かい］［kai］のように、［a］［i］と母音が重なる場合には、後ろの母音にH音を付加して［kahi］［かひ］のように表記する、表記規則であると思った方がよさそうです。ですから、この和歌の解読のように、声音を比較する場合には、現代仮名遣いで［かい］でよいのでしょう。和語は、訓の［かい］を、音仮名の甲［カ］斐［ヒ］と表すところが、厄介です。本当は、［かい］の意味からして、功とか効の字を充てる方が良いと思いますが、功や効の字の訓読みに［かい］が無いのが残念です。

確認のために、「かい」あるいは「かひ」の仮名二文字で、万葉集の訓読声音を検索してみます。「かい」は、連番の３９９３、４１８７、４２５０、３９９３で、櫂の字に相当する部分が、原文の中では万葉仮名で『加伊』［かい］となっています。「かひ」ではヒットしません。櫂《かい》というのは、船を前に進めるための道具で、その訓読みが、歴史的仮名遣いでは［かひ］［kahi］、現代仮名遣いでは［かい］［kai］です。どうも、現代仮名遣いで声音を比較するのが正解のようです。

氣の字も、歴史的仮名遣いでは［にほひ］ですが、これも現代仮名遣いで［におい］と解釈してよいのでしょう。

表－10に解読表を示します。

この和歌は、今日まで三十種以上の試訓が提出されているそうですが、現在のところ納得出来るものは無いのだそうです。

全二十五文字、三十三音節ですが、七五七七七と変則ながら、きっちりとした七五調を守って詠まれた歌です。やはり額田王は万葉を代表する歌姫なのでしょう、綺麗にまとまった歌になっています。二十五文字の内訳を次に示します。

真名……………………………1

単音節の仮名…………………19

表-10　万葉集　額田王0009の解読表

訓読	声音	仮名漢字	音、訓、万葉仮名
仲間と成りし	ナ	莫	マク、モ（呉）、バク、ボ（漢）、**ない**、**な**かれ、**な**（仮）
	カ	囂	ゴウ（呉）、キョウ（漢）、**か**まびすしい、やかましい、わずらわしい
	マ	圓	エン（呉）（漢）、**まる**い、**ま**どか、つぶら
	トナリ	隣	リン（呉）（漢）、**となり**、り（仮）
	シ	之	**シ**（呉）（漢）、これ、この、の、ゆく、いたる、**し**（仮）
大穴の	オオ	（大）	ダイ（呉）、タイ（漢）、**おお**、**おお**きい、**おお**いに、おごる、た（仮）、だ（仮）
	ア	相	ソウ（呉）、ショウ（漢）、**あ**い、**あ**りさま、さが、たすける、みる、うらなう、かたち、たすけ、ともに、こもごも
	ナノ	七	シチ（呉）、シツ（漢）、なな、**なの**、しち、な（仮）
吾に妻に負い	アニ	兄	キョウ（呉）、ケイ（漢）、**あに**、せ、いぇ（仮）
	ツ	爪	ショウ（呉）、ソウ（漢）、**つ**ま、**つ**め、かく
	マ	謁	オチ（呉）、エツ（漢）、**ま**みえる、もうす、こう、とりつぎ、なふだ
	ニオイ	氣	ケ（呉）、キ（漢）、いき、**におい**、かおり、き甲（仮）
汗しし致す	ア	吾	グ（呉）、ゴ（漢）、われ、**あ**、みち、**あ**（仮）
	セ	瀬	ライ（呉）（漢）、**せ**、**せ**（仮）
	シ	子	**シ**（呉）（漢）、ス（唐）、こ、おとこ、ね、み、**し**（仮）
	シ	之	**シ**（呉）（漢）、これ、この、の、ゆく、いたる、**し**（仮）
	イ	射	ジャ、ジャク、ヤ（呉）、エキ、シャ、セキ、ヤ（漢）、**い**る、うつ、あてる、さす、**い**とう、あたる、ざ（仮）
	タ	立	リュウ（呉）（漢）、**た**つ、**た**てる、**た**だちに、**た**（仮）
	ス	為	イ（呉）（漢）、**す**る、ため、なる、なす、つくる、おさめる、なおす、いつわる、や、か、ため、い（仮）
甲斐良しなむも	カ	兼	ケン（呉）（漢）、**か**ねる、あわせる
	イ	五	ゴ（呉）（漢）、**いつ**、ご甲（仮）
	ヨ	可	ガ（呉）、カ（漢）、**よ**い、べし、きく、ばかり、か（仮）
	シ	新	**シ**ン（呉）（漢）、あたらしい、あらた、にい、あら、**し**（仮）
	ナム	何	ガ（呉）、カ（漢）、なに、なん、**なむ**、いずく、いずれ、いかん、か（仮）
	モ	本	ホン（呉）（漢）、**も**と、この、その、また、ほ（仮）

注）仮名漢字欄の（ ）書きは、真名。

万葉仮名……………………………8
万葉仮名以外……………………11
　内、万葉仮名が知られるもの……5
二音節仮名…………………………3
三音節仮名…………………………2

真名の数の1は、大の字です。これだけ真名が少ないと、意味を取ることが出来なかったものと思われます。原データは『吾瀬子之射立為兼五可新何本』を『我《わ》が背子《せこ》が、い立《た》たせりけむ、嚴橿《いつかし》が本《もと》』と読んでいるのですが、この読みは掠《かす》りさえしません。吾子之立本の五文字を真名であると誤認しているので、まったく違う意味に取っています。

この訓読とよく似た記述が、日本書紀の垂仁天皇記にあります。『一云、天皇、以倭姫命爲御杖、貢奉於天照大神。是以、倭姫命、以天照大神鎮坐於磯城嚴橿之本而祠之。』倭姫命は、垂仁天皇の皇女で、それまで大和《やまと》に在った天照大神《あまてらすおおみかみ》の御霊《みたま》を奉じて諸国を渡り歩き、最後に伊勢《イセ》に据えた、伊勢神宮の創建者です。この訓読を付けた先生は、余程日本書紀に精通した人で、原データの『五可新何本』が日本書紀の『嚴橿之本』と読めそうなので、閃《ひらめ》いたのでしょう。思い付きは、思い違いだったようで、ワードパズルの迷路に嵌《は》まり込んで、脱出不能になったのでしょう。

おそらく万葉集を編纂《ヘンサン》した大伴家持《おおとものやかもち》先生は、それでも読めたから、編纂に加えたのでしょうが、平仮名、片仮名が発明されて以降の先生方は、真名の意味に依存した読み方が主力になっていたのでしょう。真名を求めた結果が、誤読に繋がっています。この分だと、他の定訓の付与された万葉歌の中にも、かなりの誤読がありそうです。

ただ誤読した先生の学力が低かったわけではないと思います。正しく読むには、シーンが把握されていないと難しいのですが、大伴家持先生は編纂者なので、歌が詠まれたシーンを書いた物語を見ている筈です。だから大伴家持先生には読めたのです。ところが先生は、そこから歌と原題だけを切り出して、物語の大部分を棄ててしまった。だから後の先生方が読めなかったのだと思います。悪いのは家持先生でしょう。

またこの歌には、三音節仮名が二つも（隣と氣）入っていて、その二つともが、訓読みをそのまま声音にしており、また文節を超えて、意味ブロックを跨《また》いだ使い方になっています。仮名の使い方に、合理的な精神がありません。歌は美しいが、記法は汚いようです。

万葉仮名一覧に載っている、単音節仮名が当たっているものは8ですが、万葉仮名一覧に載っていない表外の単音節仮名が当たっているものは11と、万葉仮名を上回ります。またこの11の中には、万葉仮名が知られているにもかかわらず、一覧表外の方が当たっている漢字が5あります。頼りにしている万葉仮名一覧ですが、大丈夫でしょうか。

単音節仮名の19ですが、之の字は重複《チョウフク》しているので18種類です。18種の内訳は次の通りです。

単音節仮名……………………18
音仮名……………………3
訓仮名……………………15

音仮名の3は、之子新の三文字です。声音が何れも［シ］だというのも印象的です。訓仮名は15で、圧倒的な多数です。万葉仮名一覧に載っている仮名は、音仮名が圧倒的に多いのですが、ここでは状況が逆転しています。

万葉集の難読歌の解読は、古い時代の和語について、多くのことを教えてくれます。その中で、最も根源的な課題は、意味を予測することです。意味の予測が出来れば、大概の言葉は解読することが出来ます。

人の耳と言うのは、人の発する声音を細部にわたって正確に聞き取ることが出来ません。普段の会話の中でも、会話の中身やその場の状況と脈絡が無く、突然に単語だけをポツンと話されると、殆ど聞き取ることが出来ずに、聞き違えたり、聞き取れずに問い直したりします。会話が正確に聞き取れるのは、脈絡があって、意味の予測が出来るからです。

仮名漢字で書かれた声音も同じようなものです。一つの漢字の文様に充てられる声音には、複数の可能性があります。その複数の可能性の中の、どれが正解であるかを決定するのが仮名漢字の解読です。解読の成否は、意味予測に掛かっています。

これから、魏志倭人伝の倭語の解読に取り掛かるのですが、万葉集難読歌の状況からみて、仮名漢字の声音は、万葉仮名であるとか、呉音であるとか、漢音であるとか、決め打ちせずに、可能性のある声音の候補をすべて洗い出して、その中から選択するのが現実的だろうと思います（ノーハウ１）。

解読の手法は、表ー２の「万葉集　０１６０持統天皇の智男雲の解読表」で示したように、片側の列に可能な声音を置き、もう片側の列に句あるいは単語の意味を持ってきて、意味と声音を突き合わせて読むのが有効です（ノーハウ２）。

さらに長い文は、単語や句の意味を順々に手繰《たぐ》っていくと、脈絡が分かって来るので、意味予測が出来るようになります。こうでもしない限り、長い文は解読できないでしょう（ノーハウ３）。

魏志倭人伝、国名の比定地

万葉集難読歌の解読というのは、解読の結果が流暢《リュウチョウ》な話し言葉の言い回しになると言う決まりきった特徴があります。その為に文章としての脈絡を考えやすいところが有ります。それに対し、魏志倭人伝の倭語というのは、漢文の中に倭語の単語がポツリポツリと散りばめられている状況です。その単語も、殆どが国名や人名の固有名詞か、官位などの役職名です。倭語の文章としての脈絡は殆《ほとん》ど在りません。その代わり、漢語でこれらの固有名詞に纏《まつ》わる多くの説明物語が付いていています。言ってみれば、和歌とは別の意味で、意味予測がし易《やす》いのです。

もう一つ、魏志倭人伝には、方位と里程を伴った、精密な地理情報の記載があります。これをしっかり読めば、魏志倭人伝の国々が現代地図の何処に相当するのかが分かります。その地の地名の古い声音と、魏志倭人伝の国名を見合わせれば、魏志倭人伝の国名に使われている漢字の古い声音を得ることが出来ます。魏志倭人伝の倭語には、解読しやすい条件が整っているのです。

そこでまずは、魏志倭人伝の国が、現代地図の何処《どこ》に相当するのかを求めることから始めます。

魏志倭人伝の中での国名記述は、魏國の使者の紀行文を装《よそお》って、方位と里程を伴って、帯方郡から女王の都所の邪馬壹國へ向かい、さらにその他の旁國を巡《めぐ》り歩くと言うように書かれています。その中で、おかしな表現がいくつも出てきます。『從郡至倭、循海岸水行、歴韓國、乍南乍東、到其北岸狗邪韓國、七千餘里。』狗邪韓國は朝鮮半島の南端にある倭人の國なのですから、帯方郡から見れば南岸である筈ですが、広い海を意味する『瀚海』の北岸であるように記述されています。視点が逆なのです。これは、倭人が書いた倭人の国のガイドブックのような資料があり、元々《もともと》邪馬壹國から帯方郡に向かって記述されていた資料を、陳寿が編集の過程で、帯方郡から邪馬壹國に向かう旅程に書き換えたものと考えられます。

到着の意味で到の字を使用しているのも、視点が逆であることの表れです。普通は至の字が使われています。到の字には、「行き渡る」或いは「分配する」と言う意味があるので、逆コースで考えれば、狗邪韓國がハブターミナルであることが容易に理解できます。狗邪韓國からは、複数の経路で韓國内へ、また帯方郡へ行けたのです。ですから『循海岸水行』と『歴韓國、乍南乍東』は並列経路で、直列に繋がった経路ではありません。

韓國のことを陳寿は次のように書いています。『韓、在帯方之南。東西以海爲限、南與倭接。方可四千里。有三種、一曰馬韓、二曰辰韓、三曰弁韓。』元々邪馬壹國から帯方郡に向かって記述されていた資料を、陳寿が編集の過程で、帯方郡から邪馬壹國に向かう旅程に書き換えたものであると考えると、この韓國の記述は「韓在倭之北、東西以海為限、北與帯方接」であったものと考えられます。したがって、出発地として書かれた郡とは、帯方郡と韓國の境界です。おそらく、大河川の漢江が東に深く貫入した、そのラインを言っていると思われます。

狗邪韓國の位置ですが、この次に対馬、壱岐と海峡（瀚海）を渡っていくのですから、最短距離で渡海できる現在のプサン（釜山）広域市付近と考えるのが妥当です。

『方可四千里』と寸法単位が出たので、里のことについて触れておきます。まず、大陸北部にあった大きな国の夫餘について、陳寿は次のように書いています。『夫餘、在長城之北。去玄菟千里、南與高句麗、東與挹婁、西與鮮卑接、北有弱水。方可二千里、戸八萬。』また大陸北部にあった大きな国の高句麗について、陳寿は次のように書いています。『高句麗、在遼東之東千里。南與朝鮮濊貊、東與沃沮、北與夫餘接。都於丸都之下、方可二千里、戸三萬。』夫餘や高句麗が『方可二千里』で、半島にあった小さな国の韓國が『方可四千里』なのです。これは、帯方郡、楽浪郡を境として、北と南で寸法単位が違っていると言うことです。倭人が書いた資料であることを考え合わせると、倭人独特の寸法単位、倭尺と言うようなものが在ったと考えられます。

もう一つ、戸のことについて触れておきます。韓國には三種があります。『一曰馬韓、二曰辰韓、三曰弁韓。』です。そのうち馬韓については、次のように書かれています。『凡五十餘國。大國萬餘家、小國數千家、總十餘萬戸。』また弁韓と辰韓については、次のように書かれています。『弁、辰韓、合二十四國。大國四五千家、小國六七百家、總四五萬戸。』そうすると、韓國の総合計は、『總十餘萬戸』プラス『總四五萬戸』ですから、大よそ十五萬戸です。一方、韓國の面積は、『方可四千里』なのですから、二乗して、大よそ千六百萬平方里です。そこで、百平方里（十里四方）を一戸と置けば、十六萬戸となり、さきほどの大よそ十五萬戸とほぼ一致します。魏志倭人伝の戸は、家の数や家族の数の単位ではありません。倭戸とでも言うような、面積単位なのです。

次は『始度一海、千餘里至對馬國。』です。方位が書かれていませんが、『無良田食海物自活、乖船南北市糴。』と書いてあるので、海路は南北に連なっていたことが分かります。對馬國は現在の対馬です。

次は『又南渡一海千餘里、名曰瀚海、至一大國。』です。一大國は現在の壱岐でしょう。

次は『又渡一海千餘里、至末盧國。』です。壱岐から最短距離で九州に向かうと、唐津市と伊万里市の間にある半島に行き着きます。船は半島の何方《どちら》かに回り込んだ筈です。そうすると、末盧國は現在の唐津市か伊万里市かの何《いづ》れかですが、この次に陸行して伊都國へ行くことを考えると、唐津市に分《ぶ》があります。おそらく港は松浦川の河口付近でしょう。

次は『東南陸行五百里、到伊都國。』です。末盧國からは、松浦川に沿って東南方向に向かい、背振山地の西側を越えます。そこは、有明海の北端に近いところ、現在の小城市です。ここではまた、到着の意味で到の字が使われています。伊都國と狗邪韓國は、ハブターミナルなのです。小城市は長崎街道の街道筋に当たり、西は長崎や島原に通じ、東は筑後川沿いに、佐賀市、神埼郡、鳥栖市を越えて、博多方面に繋がります。

『王遣使詣京都帯方郡諸韓國、及郡使倭國、皆臨津捜露。傳送文書、賜遺之物、詣女王、不得差錯。』とあるように、伊都國は有明海に港を持っており、この港から邪馬壹國に往来しています。と言うことは邪馬壹國も近くに港があったのです。伊都國の港はおそらく嘉瀬川の河口にあったと思われますが、今の陸地は干拓のために随分南に広がっています。魏志倭人伝の時代の河口は長崎街道のすぐ近くにあったものと思われます。また、伊都國からは有明海を水行することもできます。

次は『東南至奴國百里。』です。東南方向に小城市に隣接しているのは、今の佐賀市です。

次は『東行至不彌國百里。』です。東方向に佐賀市に隣接しているのは、大川市、三潴郡です。しかし佐賀市と大川市の間には、九州第一の大河川の筑後川が割り込んでいて、陸行はできません。だから、伊都國から不彌國へは水行です。邪馬壹國の近くにあった港というのは不彌國の筑後川の河岸にあった港だということになります。

そういうわけですから、邪馬壹國は不彌國のすぐ隣の、筑後市から八女市の付近にあった筈なのです。ところが、陳寿は『南至投馬國、水行二十日。官曰彌彌、副曰彌彌那利、可五萬餘戸。南至邪馬壹國、女王之所都。水行十日、陸行一月。』とかなり遠い所にある投馬國への往復を割り込ませています。これは、倭人が書いた倭人の国のガイドブックが、魏と女王国との国交の、時間的に前の方で書かれたもので、その後に起きた事件で、重要な一国、投馬國が増えたために、そこへの旅程を割り込ませたのです。卑彌呼女王が亡くなり、後継の壹與女王が即位した事件です。壹與女王が即位して、首都は邪馬壹國から投馬國に引越ししたのです。

ここで一旦、國の比定を休んで、倭尺の目盛り合わせをします。『自郡至女王國、萬二千餘里。』です。出発地として書かれた郡とは、帯方郡と韓國の境界で、大河川の漢江が東に深く貫入したラインですので、貫入した漢江が南北に分岐する突き当たりを出発点と仮定します。女王國は中心を現在の筑後市の市庁舎位置と仮定します。漢江の分岐位置から筑後市庁舎までは616㎞あります。これを萬二千里で割り算すれば51・3m／里が出てきます。

出発地の郡から狗邪韓國までは『到其北岸狗邪韓國、七千餘里。』とあるように、七千里です。先ほどの51・3m／里を適用すると、釜山広域市の東側に流入する洛東江を少し遡った乙淑島に近い所になります。しかし、51・3m／里も誤差があるでしょうし、七千里も概数でしょうから、そこまで細かく考えない方がよいと思います。釜山広域市のあたりと言うなら、ほぼ間違いないでしょう。また51・3m／里も、約51m／里で十分でしょう。

51m／里というような尺《しゃく》は、私は聞いたことがありませんが、後の時代の条里制の条里間隔の2分の1程度が、倭尺の一里であったようです。また、尺貫法の一町（丁）の2分の1程度という解釈も有り得ます。

次にすべきことは、倭国内の概略の距離関係を掴《つか》むことです。それには倭人の国の見分録を締めくくるように書かれた、次の文章を読めばよいのです。

『女王國東、渡海千餘里、復有國、皆倭種。又有侏儒國在其南、人長三四尺、去女王四千餘里。又有裸國、黑齒國復在其東南、船行一年可至。參問倭地、絕在海中洲島之上、或絕或連、周旋可五千餘里。』

「女王国から東に海を渡って千餘里のところに、複数の国があって、これらの国は皆倭人の国である。」と書いて、次に複数の国の内訳を『又有』そして『又有』と数え上げています。「複数の國の一つは、侏儒國であって、これは複数の國の南側である。人の身長は三四尺である。ここまでは、女王国から四千餘里ある。」「複数の國の一つは、裸國と黑齒國である。（これは複数の國の北側である）」これで複数の國はお終《しま》いです。だから『黑齒國』と『復在其東南』

の間には句点があるべきなのに、抜けています。これは、私が日本語サイトから原文を取ったからではありません。中文サイトであっても、中国式で同じような句読点の付け方をしています。陳寿が書いたのは、句読点なしの白文ですが、後の誰かが書き写しながら、意味を取って句読点を付けたのです。こういう文章区切りの取り方が、千数百年も経った今にも受け継がれていて、誤訳も受け継がれているのです。「また複数の国が倭人の国の東南にある。そこへは船行で、一年ほどで行くことが出来る。」「参問した倭人の土地は、中国から遠く離れた海中の洲島の上にあり、洲島は或いは離れ或いは連なった有り様《あさま》である。参問した倭人の土地を廻り歩くと、（その沿線距離は）五千餘里ほどである。」

この文章の中の里程に51ｍ／里を適用すれば、倭国内の概略の距離関係を掴《つか》むことが出来ます。まず女王国の在った筑後市から東に千餘里のところには関門海峡があります。ですから、複数の国の北側の列の裸國は、中国地方の国です。黑齒國は、その向こう側に在ったのですから、おそらく近畿地方の国です。また女王国の在った筑後市から東に四千餘里の所は、四国の西の側にある宇和島市くらいの位置です。なので、侏儒國は四国に在った国です。また沿線距離の五千餘里は、狗邪韓國、對馬國、一大國、末盧國、伊都國、奴國、不彌國、邪馬壹國を経由して、もう一つの奴國までの国々を歴訪した沿線距離です。

倭国内の概略の距離関係が分かったところで、次は『其餘旁國』です。少々長いですが原文

を抜粋しておきます。『自女王國以北、其戸數道里可得略載。其餘旁國遠絶、不可得詳。次有斯馬國、次有已百支國、次有伊邪國、次有都支國、次有彌奴國、次有好古都國、次有不呼國、次有姐奴國、次有對蘇國、次有蘇奴國、次有呼邑國、次有華奴蘇奴國、次有鬼國、次有爲吾國、次有鬼奴國、次有邪馬國、次有躬臣國、次有巴利國、次有支惟國、次有烏奴國、次有奴國。此女王境界所盡。』

『自女王國以北、其戸數道里可得略載。其餘旁國遠絶、不可得詳。』を訳してみます。「女王国以北の国々については、（資料の中に書かれているので）その戸数や道理を簡略に記載することが出来たが、その他の旁國については、遠距離のために（資料が無く）、詳細を得ることが出来なかった。」陳寿は結構正直な書き方で、不体裁な書き方になった、申し訳をしています。そのあとは『次有』また『次有』と旁國の二十一カ国を列挙しています。特に注目されるのは、二十一カ国の最後に出てくる奴國です。『次有奴國。此女王境界所盡。』ですから、奴國が一番端の国であったことが分かります。従って、奴國は関門海峡の九州側、今の北九州市です。また国々を歴訪した沿線距離の五千餘里は、狗邪韓國、對馬國、一大國、末盧國、伊都國、奴國、不彌國、邪馬壹國の後、奴國までの距離です。

次は狗奴國です。『其南有狗奴國、男子爲王。其官有狗古智卑狗、不屬女王。』これを訳してみます。「女王國の南に、狗奴國がある。男性の王が立っている。その官には、狗古智卑狗がある。狗奴國王は屬女の王ではない。」女王國と言うのは、邪馬壹國ですから、今の筑後市、八女市のあたりです。その南と言うことになると、今の熊本市、益城町、嘉島町の辺りが狗奴國である筈です。問題は、『不屬女王。』の読み方です。これは「女王に属さず」ではありません。屬女と呼ばれたグループが居たのです。ですから「屬女の王には非ず」が正しい読みです。

伊都國のところでは、次のような文章が出てきます。『世有王、皆統屬女王國。』訳してみます。「伊都國には代々王がいる。これらの王は皆、屬女の王國を統制している。」原文では動詞は、統の一字だけです。これを統屬と二字で動詞だと取ると、「これらの王は皆、女王の國を統属している。」と言う訳《ヤク》になります。卑彌呼女王の先代は男王です。何故なら『其國本亦以男子爲王。住七八十年、倭國亂、相攻伐歴年。乃共立一女子爲王、名曰卑彌呼。』なのです。また、卑彌呼女王の次代も男王です。何故なら、卑彌呼女王の死後『更立男王、國中不服。更相誅殺、當時殺千餘人。』なのです。先代も後代も男王なのに、「これらの王は皆、女王の國を統属している。」と言う訳《ヤク》はナンセンスです。

ただ文法的に見ると「屬女の王には非ず」を『不屬女王』と書くのは可笑《おか》しい。本来の漢語としては、不の字は誤りで、非の字が正解の筈です。このような間違いは、ずっと後の日本書紀や万葉集の時代になっても、和人たちがよく犯す誤りで、この類の間違いをまとめて和習とか和臭とか呼んでいます。魏志倭人伝の元資料を書いたのが倭人だったので、和習交じりの文章になったのでしょう。それをまた厳格なる陳寿先生が許容して、そのまま残しているのが面白いところです。和習は漢人の許容範囲内であるようです。

屬女は、魏志倭人伝を読み解く、キーワードです。ここを読み誤ると、屬女の祟りで、倭語の解読が出来なくなり、歴史を読み解く事も出来ません（笑）

最後は、投馬國です。すでに述べたように、陳寿は不彌國と邪馬壹國の間に割り込ませて『南至投馬國、水行二十日。官曰彌彌、副曰彌彌那利、可五萬餘戸。南至邪馬壹國、女王之所都。水行十日、陸行一月。』とかなり遠い所にある投馬國への往復を書いています。これは、倭人が書いた倭人の国のガイドブックが、魏と女王国との国交の、時間的に前の方で書かれたもので、その後に起きた卑彌呼女王が亡くなり、後継の壹與女王が即位し、首都が邪馬壹國から投馬國に引越しした事件に対応して、挿入された行程です。

不彌國から南に水行二十日のところに投馬國は在った。陸行だと南には敵対関係にある狗奴國があるので、南には行けません。狗奴國を迂回するには、水行しかないのです。水行で二十日はかなり遠い。今の鹿児島県を回り込んで、宮崎県に入っている筈です。帰りは、水行で十日と陸行で一月ですから、往復で共通の水行の十日分は狗奴國の迂回に使っているものと考えられます。すると、陸行で一月の長い日数は、九州の横断でしょう。これらの水行と陸行の時間条件にマッチするのは、今の宮崎市とその周辺です。つまり、往路は有明海を南に向かって水行し、薩摩半島、大隅半島の南を回り込んで宮崎市に到着し、復路は今の都城市、人吉市を経由して、八代海に出て、水行で北上し、有明海から筑後川に入り、不彌國に戻ったのです。不彌國は現在の大川市付近で、隣の筑後市、八女市あたりが、女王国の首都の邪馬壹國です。

このように、魏志倭人伝の方位里程は、倭尺の里を51ｍ／里とすることで合理的に解釈することが出来ます。ここまでの比定地と寸法関係は、地図－1「倭、韓、帯方の距離関係」にまとめておきます。

これで國の比定の話は、お終いです。しかし、一つ書き忘れたことがあります。陳寿は『男子、無大小皆黥面文身』から始まる風土風俗論の中で『計其道里、當在會稽東治之東。』と自らの考察を述べています。「その道理を計って、地図を作ったところ、本当に倭人の国は會稽、東治の東にあるのだ」これは、倭人南方起源説を検証するために、倭人の国の位置を中国の本土地図の上に書き込んだものと思われます。ここで証拠を得た陳寿は、倭人の国の風土風俗は、南方系だと判断し、挙句《あげク》の果《は》てに『所有無、與儋耳朱崖同。』まで行ってしまいます。儋耳、朱崖は海南島の地名で、もう少しでベトナムですが、倭人の国はそんなに南ではない。こうなったのは、陳寿が倭尺を取り違えて地図を作ったためで、帯方郡より南が約二倍の大きさで描かれたのです。恐らく、陳寿先生は倭尺の一里を、本土尺の一町と計算したものと思われます。陳寿が騙されるほど、ガイドブックの出来が良かったのでしょう。ここは、陳寿大先生の勇み足です。

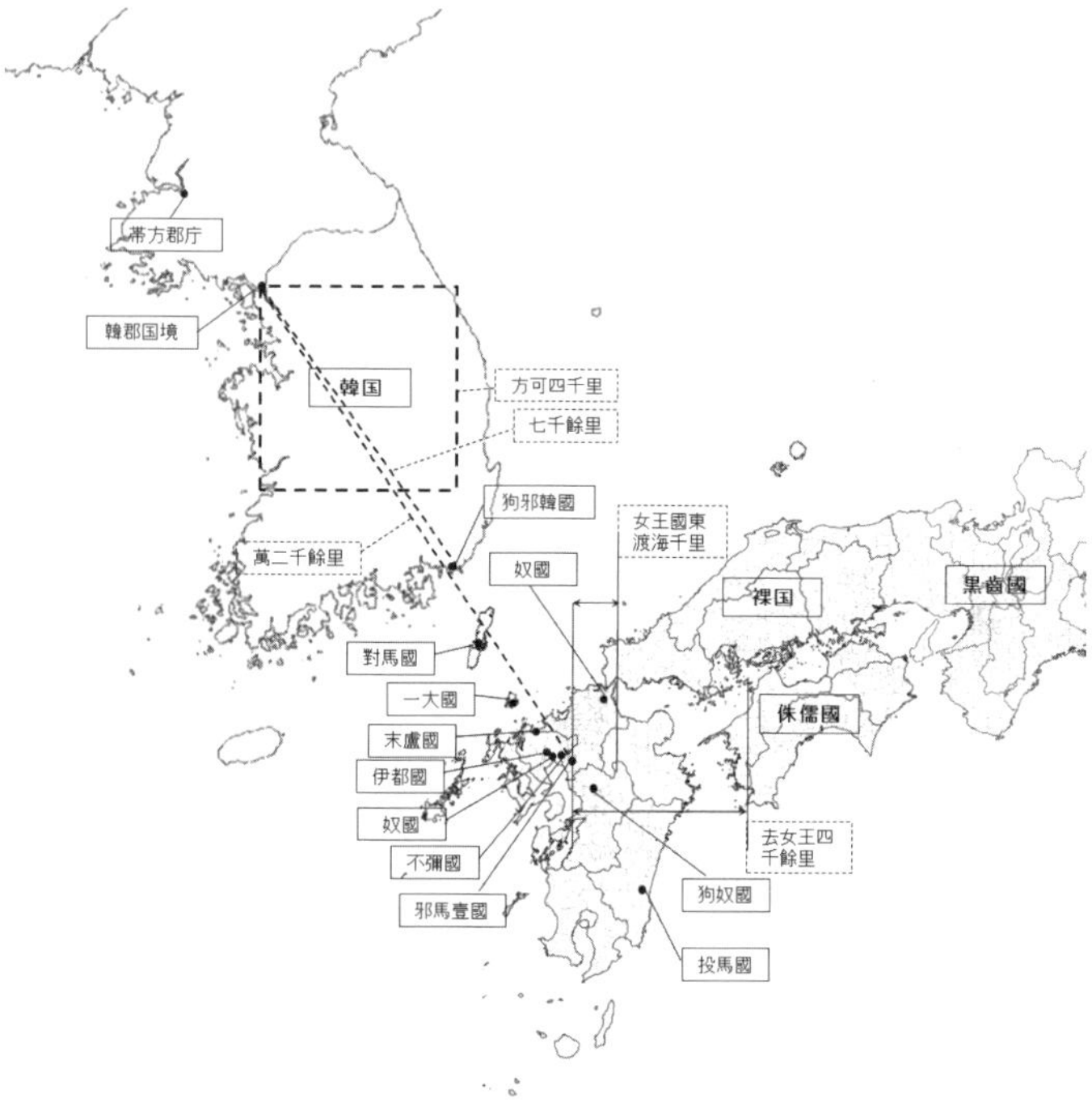

地図-1　倭、韓、帯方の距離関係

声音のピックアップ

ここでは、比定地の古い時代の地名の声音を調べ、倭仮名で表記された国名と一致すると信じえる声音をピックアップします。一次スクリーニングは、旧郡名による選別です。その後、日本書紀に当たって、古音を求めます。

狗邪韓國、ここは早いうちに外国であった地域で、旧郡名が分かりません。

對馬國、ここは現在の対馬です。和名類聚抄では『對馬島』として国のレベルの扱いになっています。読みにくい言葉には、万葉仮名で声音の注釈が付いてくる和名類聚抄ですが、ここでは注釈がついていません。最も古い日本書紀も『對馬』として登場し注釈がありません。現在の対馬で声音は［つしま］ですが、感じからして、対になった島の意味の［ついしま］が訛って［つしま］になったのではないかと思えますが、確証がありません。これはパスします。

一大國、ここは現在の壱岐［いき］です。和名類聚抄では『壹岐島』として国のレベルの扱いになっています。日本書紀も『壹岐嶋』として登場します。そもそも大の字の声音に岐の字の声音の［き］を充てることに無理があります。これもパスします。

末盧國、ここは現在の唐津市です。和名類聚抄では『肥前國』『松浦郡』として掲載され、万葉仮名で『萬豆良』と注釈があり、声音が［まつら］または［まづら］であることが分かります。これは脈があります。これは日本書紀の神功皇后記にも出てきます。皇后が『火前國』『松浦縣』で釣りをして『細鱗魚』（鮎のこと）を釣り上げたというのです。皇后が『希見物也。』と仰《おっしゃ》った。ここに注釈が入っていて『希見、此云梅豆邏志』と書いています。さらに『故時人號其處曰梅豆羅國、今謂松浦訛焉。』です。『梅豆邏』は万葉仮名表記ですから、声音は［め乙つら］だということになります。これが一番古い声音で、これは採用です。

万葉仮名には上代特殊仮名遣いと呼ばれる、今は残っていない声音があり、甲類、乙類の区別があります。発音上どのような差異があったのかは諸説があり、定説がないようです。梅の字は乙類で、乙類であることを示すために声音の表記には乙の添え字を付けて、［め乙］のように乙類であることを明示することにします。

伊都國、ここは現在の小城市です。小城は［をぎ］と読ませています。和名類聚抄では『肥前國』『小城郡』として掲載され、『乎岐國府』と注釈が入っています。昔から［をぎ］であったようで、伊都を［をぎ］と読むのは無理でしょう。これもパスします。

奴國、ここは現在の佐賀市です。和名類聚抄では『肥前國』『佐嘉郡』として掲載され、注釈はありません。これもパスします。

不彌國、ここは現在の大川市、三潴郡です。三潴は［みずま］と読ませています。和名類聚抄では『筑後國』『三潴郡』として掲載され、『美無萬』の注釈があります。万葉仮名だとすると［みむま］のようです。少し違いますが、脈があります。これは日本書紀の景行天皇記に『水沼縣主』として出てきます。水沼は［みずぬ］でしょうか。どうも不彌國の不彌の字の古音は［みず］のようです。しかし文字の順序がおかしいのです。不彌が［みず］なら、漢文を訓読するように、レ点を付けて、返り読みしなければいけません。ここは、倒置読みもありと言う付帯事項込みでの採用です。

投馬國、ここは現在の宮崎市とその周辺です。和名類聚抄では『日向國』でしょうが、日向國には投馬らしい郡や縣は見当たりません。日本書紀の景行天皇記にも日向は出てきます。『幸子湯縣、遊于丹裳小野、時東望之謂左右曰「是國也直向於日出方。」故號其國曰日向也。』『子湯縣』は、和名類聚抄にも日向國兒湯郡として出てきますが、『古田國府』の注釈が付いています。兒湯は［こ甲た］のようです。日本書紀は、子湯縣に行幸した時に、真っすぐ日の出の方向を向いているので、日向と名付けた、と言っています。投馬國もパスします。

邪馬壹國、ここは現在の筑後市、八女市あたりです。ここは、明治時代に八女郡が置かれた所、今も八女郡広川町があります。八女は［やめ］と読んでいます。邪馬は［やめ］でしょうか。

和名類聚抄では筑後國上妻郡として出てきます。『加牟豆萬』の注釈が付いているので［かむつま］でしょう。これは、少し筋の違う命名のようです。

日本書紀の景行天皇記には、そのまま『八女』と書かれています。少々長いですが原文を抜粋しておきます。

『到八女縣。則越藤山、以南望粟岬、詔之曰「其山峯岫重疊、且美麗之甚。若神有其山乎。」時水沼縣主猨大海奏言「有女神、名曰八女津媛、常居山中。」故八女國之名、由此而起也。』

「山々が積み重なって、甚だしく美麗だ。その山にどんな神が居たのか」と天皇が仰った。これに対応して、水沼縣主（水沼縣は魏志倭人伝の不彌國）が「女神が居られた。名は八女津媛。常にこの山中に居られた。」と奏上した。これが八女國の由来である、と言っています。八女を万葉仮名表記であると思って読むと［やめ甲］です。これが最も古い邪馬の声音です。これを採用します。

しかし、前の原文の抜粋には、おかしな所があります。どう見ても山に引っ掛けて八女と言っているように見えます。ということは、山の字も古い時代には［やめ甲］と発音していたと言うことです。今、山の字は［やま］と発音します。時代が下ると、［め甲］は［め］に吸収されたのではなく、［め］と［ま］に分裂したのです。八女の声音［やめ甲］は、採用しますが、これは山もまた声音［やめ甲］であるという、おまけ付きの採用です。

奴國、これはもう一つの奴國、『此女王境界所盡』と書かれた奴國です。ここは現在の北九州市です。和名類聚抄では『豊前國』『企救郡』で『岐久』と注釈が付いています。岐久は［きく］であったようで、奴の字を［きく］と読むのは無理があります。パスします。

狗奴國、ここは現在の熊本市、益城町、嘉島町の辺りです。熊本の熊の字は［くま］でしょうから、狗奴は［くま］の可能性があります。和名類聚抄では『肥後國』『託麻郡』、『益城郡』です。託麻は『多久萬』と注釈があり、声音は［たくま］で［くま］混《ま》じりです。益城は『萬志岐』と注釈があり、声音は［ましき］で、狗奴の声音らしくはありません。日本書紀では、景行天皇記以降に『熊襲』や『熊縣』として多数の［くま］が出てきます。もっとも、日本書紀の熊は、肥後國全体に広がった広域地名のようなのです。でも狗奴の声音［くま］は採用します。

倭音の法則

このように、末盧國、不彌國、邪馬壹國、狗奴國の四つの国について、声音と漢字のセットをピックアップすることが出来ました。この次はピックアップされた声音と漢字のセットを、和音や、和訓＝倭訓や、万葉仮名と見比べて、声音の法則を見出します。まずピックアップされた声音と漢字のセットを表－11にまとめておきます。

地名に使われた声音は、その右の欄に掲げた声音の候補の中に殆ど在ります。しかしながら、末と盧の二文字は、呉音

表-11　ピックアップされた声音と漢字のセット

漢字	地名の音	倭訓	呉音	漢音	万葉仮名	訓以外の意味
末	メ乙ツ	すえ、うら	マツ	バツ	ま	
盧	ラ	くろい、めしびつ	ル	ロ	ろ甲	
不	ズ	**ず**、いな、ざれば	フ	フウ	ふ	
彌	ミ	や、あまねし、いや、いよいよ、つくろう、ひさしい、わたる	**ミ**	ビ	**み**甲、び甲	
邪	ヤ	よこしま、**や**、か	ジャ、**ヤ**	シャ、**ヤ**	ざ	**や**ましい(疾しい)
馬	メ甲	うま、むま、ま、**め**	**メ**	バ	ま、**め**甲	
狗	ク	いぬ、え	**ク**	コウ		
奴	マ	め、やつ、やっこ	ヌ	ド	ど甲、な、ぬ、の甲	**ま**ずめ(貧女)

に近い声音になっていますが、ピッタリと一致する声音の候補が有りません。明らかに、系列から外れています。おそらく、日本書紀の作り話に引っ掛かったのでしょう。折角、努力して集めた声音ですが、末盧の二文字は、無かったことにし、残りの六文字で法則性を見ることにします。

元々日本書紀の万葉仮名表記から、音声を拾ってきたのですが、結果的にピックアップされた漢字の声音と、その漢字に充てられた万葉仮名の声音はあまり一致しません。彌の字と、馬の字の二文字だけの一致で、この二文字とも呉音と同じ声音です。

最も一致数の多いのは呉音です。彌、邪、馬、狗の四文字で、ピックアップされた漢字の声音と一致します。そもそも漢字というのは漢語の文字ですから、漢字は外来語です。文字の輸入と一緒に、漢語の単語とその声音も一緒に輸入されたのは当然です。その中で馬の字は、呉音と倭訓の両方で、ピックアップされた漢字の声音と一致しています。馬は外来生物ですから、馬の字に倭訓があるのは可笑《おか》しいのですが、外来語も、倭人に馴染めば、倭語で訓読みなのでしょう。

比較的よく健闘しているのが倭訓です。不、邪、馬の三文字で一致し、万葉仮名よりも一致した字の数で勝ります。邪の字の意味には［やましい］があります。これは通常「疾《やま》しい」と別の漢字に充てられているので、訓読みに分類されなかったのでしょう。［やましい］の初頭音節の［や］がピックアップされた漢字の声音と一致します。もう一つ、奴の字の意味には［まずめ］があります。これは通常「貧女」と別の漢字に充てられているので、訓読みに分類されなかったのでしょう。［まずめ］の初頭音節の［ま］がピックアップされた漢字の声音と一致します。これらの訓読みに分類されなかった読みも倭訓の内と考えるなら、倭訓は呉音と同じくらいメジャーです。さらに和訓で一致した不、邪、馬の三文字は全て単音節ですから、倭訓の初頭音節と言う見方は、不、邪、馬の三文字ともに通用します。

倭語は呉音と同じくらい、倭訓の初頭音節を倭音に採用しているということです。そうすると漢音は、考えなくてもよいかと言うと、そうも言えません。邪の字の漢音［ヤ］だけは、ピックアップした声音と一致しています。倭語本来の訓読みも、漢語から借用された音読みも含めて、倭語単語の声音の初頭音節を漢字の字音に充てている、と考えると全体を満足する解釈になると思えます。倭語単語の声音の初頭音節を漢字の字音に充てる、これを「倭音の法則」と呼ぶことにします。

その他にも法則めいたものが二つありました。邪の字の［やましい］（疾しい）と、奴の字の［まずめ］（貧女）は、通常の訓読みではありません。こういうものが、ヒットして来るということは、意味の同じ漢字には同じ訓読みが当て嵌《は》められる、という法則が、裏で働いていると言うことです。これは同義遷訓法則と呼ぶことにします。

もう一つは、「声音のピックアップ」の不彌國の所で、不彌を［みず］と訓読するように、漢字の記載順（語順）が漢語順なのです。これは漢語順法則と呼ぶことにします。

訓読みの初頭音節を採用した仮名というのは、私が最初の発見者ではありません。万葉仮名の中には、和訓の初頭音節の声音を使ったと考えられるものがあり、そういうものを訓仮名と呼んでいます。しかし、倭仮名では、万葉仮名よりも、大幅に訓仮名が採用されていたのです。

魏志倭人伝の国名、人名、官名などは、仮名表記であろうと昔から言われてきました。しかし、その仮名が万葉仮名であるとして、解読しようとしたものだから、巧《うま》くいきません。その最たるものが伊都國の伊都の字です。これを万葉仮名であるとして［イト］と読んだものだから、今の糸島市の旧郡名の筑前國怡土郡の怡土に比定されました。これは魏志倭人伝の地理的記述の方位も里程も無視した解釈です。この伊都國と、もう一つ投馬國への往復の記述が難解であることが相まって、今や首都の邪馬壹國の比定地があっちこっちに飛び回り、収拾の付かない状態になったのです。

すでに和訓の初頭音節を使った訓仮名の存在に気が付いていたのですから、倭語の解読は時間の問題というところまで来ていたのです。誰かが、倭仮名は万葉仮名であると決め付けずに、倭音を決め直せば良かったのです。それをどの先生方もなさらなかったので、私のような素人にチャンスが廻《めぐ》ってきたのです。私にとっては、極めてハッピーな事と言うべきです（笑）

倭真名変換法

この次にしなければならないのは、見出《みいだ》した倭音の法則を適用して、倭仮名で表記された国名、人名、官名などの倭語を倭真名に変換する手段を設定することです。真名と言うのは、漢字の文様と声音と意味とがセットになったものです。漢字の声音と言うのは、倭真名の場合は倭音です。倭音は、漢字で記された倭語単語の声音の初頭音節を、漢字の字音に充てたものです。

しかし、倭仮名が倭真名に変換できると、何処かの先生が保証して下さったわけではありません。魏志倭人伝は漢語で書かれています。その中に倭仮名で表記した国名や人名が散りばめられているのですから、元々は漢人にも意味の分かる倭真名表記であっただろう、と言うのが自然な推測です。ですから、倭仮名の倭真名変換は、仮説であって、この論のチャレンジです。この手法を倭真名変換法とでも名付けておきます。

そこで、法則に沿った、解読の方法を設定します。最初にすることは、地名、人名に使われた漢字に対する倭音を想定することです。表1―11で既に確定された倭音は、そのまま倭音と考えます。まだ確定されていない倭音は呉音か漢音、または倭訓＝和訓の初頭音節と考えます。倭訓ではないが、意味が漢字の字義と一致する倭語は、倭訓と同等と見做します（同義選訓）。このようなことをすると、候補の声音が複数挙がってきます。

次に地名、人名などの倭語単語に対する説明文書を用意します。これは魏志倭人伝の中で、漢語で書かれた文章で、漢文です。地名、人名などの倭語の意味は、この漢文の中に出てきます。

次は、地名や人名に使われ倭仮名の、倭音の候補と、説明文書の漢字を見比べて行きます。すなわち、説明文書の漢字を倭真名と見立てて、倭真名の声音の候補を考えます。この倭真名の声音の候補と、前の倭仮名の声音の候補とに、一致するものがあるかを調べて行きます。倭仮名の倭音と、倭真名の倭音が一致する声音が、倭仮名の倭音であり、同時に倭真名の倭音であると決定されます。ただ、複数の倭真名の候補がヒットすることがあります。その場合は、説明文書が述べている、地名や人名のプロフィールをよく表している方の漢字が、目的の倭真名です。

あまりに説明文書が長い場合は、検索する漢字の字数が多くなり、一致する文字を調べる手間が大変になります。この時には、地名や人名のプロフィールを考えて、先にある程度、チェックする漢字を絞り込んでから、倭真名の声音の候補と、倭仮名の声音の候補とに、一致するものがあるかを調べる方が賢明です。

また、意味を表す漢字が明示的に使われていない場合は、説明文書の漢文で言っている地名や人名などのプロフィールから、漢字を自分で考えなければいけません。これはなかなか大変で、頭を使う作業です。

変換された倭真名を見れば、国名や人名や官名が、どう言う意味の命名なのかが、分かるようになります。意味が分かると、陳寿先生が記述した、古代の日本が分かるようになります。

魏志倭人伝の倭語の解読

ここからは、いよいよ倭語の解読が始まります。

◇伊都國

最初の解読なので、倭真名に変換する手段、方法論に沿った説明をします。

伊都國の伊の字は、呉音漢音とも［イ］、倭訓は［かれ］［この］［ただ］です。そうすると、伊の字に対する倭音の候補は、［イ］［カ］［コ］［タ］です。

伊都國の都の字は、呉音は［ツ］、漢音は［ト］、倭訓は［みやこ］［すべる］です。そうすると、都の字に対する倭音の候補は、［ツ］［ト］［ミ］［ス］です。

次に、説明文書を準備します。

『東南陸行五百里、到伊都國。官曰爾支、副曰泄謨觚、柄渠觚。有千餘戸。世有王、皆統屬女王國。郡使往來常所駐。』

次の文章も有ります。

『國國有市、交易有無、使大倭監之。自女王國以北、特置一大率、檢察諸國、諸國畏憚之。常治伊都國。於國中、有如刺史。王遣使詣京都帯方郡諸韓國、及郡使倭國、皆臨津搜露。傳送文書、賜遺之物、詣女王、不得差錯。』

次は、この漢文で表された漢字と、漢字に充てられた地名の意味と、漢字に充てられた倭音のセットを想定します。伊の字に対する倭音の候補は、［イ］［カ］［コ］［タ］です。都の字に対する倭音の候補は、［ツ］［ト］［ミ］［ス］です。説明文書中の漢字について、一文字ずつ、この字の倭音は［イ］の可能性があるか、［カ］の可能性があるか、［コ］の可能性があるかと言うように、順々に見ていきます。そうすると、ヒットしてくるのは監の字と、統の字です。

監の字の倭訓には［かんがみる］が有ります。初頭音節は［か］なので倭音は［カ］です。これが伊の字に対する倭音の候補の［カ］と一致します。

統の字の倭訓には［すべる］が有ります。初頭音節は［す］なので倭音は［ス］です。これが都の字に対する倭音の候補の［ス］と一致します。

したがって、倭仮名表記の伊都は、倭真名表記では監統であり、声音は［かす］であると決定することが出来ます。その国名の意味は、字義の通りで、倭人伝の中の伊都國の役割そのものです。

どう言うふうに解読したかを、表I-12にまとめておきます。私の解読の作業は、パソコンを使って、デスクトップに、魏志倭人伝の原文と、表計算ソフトと、ネット辞典を開いて行います。表Ⅰ-12の形式は、表計算ソフトで使っている、フォーマットです。表の中の+1列は、ターゲットの倭仮名漢字です。最初に原文からコピペで、この列を埋めておきます。次に+2列を埋めます。音は呉音と漢音です。訓は倭訓＝和訓です。通常の日本人であれば、+2列を埋めることぐらいは容易に出来ます。不安なら辞典を引いて確認するのですが、ネット辞書では、コピペで入力して検索できるので、大した手間にはなりません。参考のために、万葉仮名も入れておきます。この+2列は、倭仮名の声音として利用できる範囲を示しています。ここまでは、伊都の二文字ぐらいの解読なら、10分もあればできます。表を作っておけば、一目で声音の候補が分かるので、次の漢文に使われた倭真名をスキャンするときに、私のような記憶力の弱い人間でも、簡単に作業を進めることができます。ここまで準備をしておいてから、漢文の説明文を見て、説明文の一文字を−1列に置いてみます。そして−2列の音、訓、万葉仮名を考えてみるのです。通常の日本人であれば、音、訓ぐらいは、大体分かります。この−2列は、倭真名の声音として利用できる範囲を示しています。そして+2列と−2列の音、訓の最初の仮名文字（初頭音節）を見比べて、一致していれば、その最初の仮名文字を0列に記入します。一致しなければ、説明文の中の次の一文字を−1列において、同じ作業を繰り返します。こうして完成したのが、表Ⅰ-12で、解読に実際にかかった時間は、20分ほどです。人に見せるためには、−2列を完全にしたり、表を成形したりしますので、もうすこし時間がかかりますが、大した時間ではありません。

要は一目で声音の候補が分かるようにしておけば、人の直観を簡単に引き出せるのです。これが私の解読のノーハウです。もっと大変なのは、魏志倭人伝の漢文の読解です。0列の音声が倭真名と倭仮名で一致しただけでは正解とは言えません。漢文が表している、意味論理と一致し、かつ、声音が一致するものが正解なのです。声音の一致だけでは解読とは言いません。語呂《ごろ》合《あ》わせと言う言葉遊びです。

監督や統率と言うのは、普通は大王《ダイオウ》の仕事だろうと思いますが、伊都國の王《オウ》は大王《ダイオウ》ではありません。大王は卑彌呼女王で、伊都國の王はその補佐役に回っています。補佐役の意味の監統であるとすると、監統には同義と見える漢字が存在します。宰の字です。この字は宰輔《サイホ》と書いて、「天子を助けて政治を行う者」の意味に使い、宰領《サイリョウ》と書いて、「監督し取りしきること、またはその役《やく》」の意味に使われます。

ところが、宰の字には、「かす」の倭訓はありません。し

表-12　伊都國の解読表　解読ツールとしての表の作成

−2列	−1列	0列	+1列	+2列
↓	↓	↓	↓	↓
音、訓、万葉仮名	倭真名	声音	倭仮名	音、訓、万葉仮名
ケン（呉）、**カ**ン（漢）、**か**んがみる、みる、み甲（仮）	監	カ	伊	イ（呉）（漢）、**か**れ、この、ただ、い（仮）
トウ（呉）（漢）、**す**べる	統	ス	都	ツ（呉）、ト（漢）、みやこ、**す**べる、つ（仮）、と甲（仮）

かし、宰の字に氵偏《さんずいへん》を付けた滓の字には、倭訓の［かす］が今でも残っています。偏《ヘン》が意味を表し、旁《つくり》が漢語の声音を表すような構成の漢字を、形声文字と言います。それが滓の字では、形声文字の読みが訓《クン》であるという、可笑《おか》しな事態になっています。倭人たちにとっては滓の字の［カス］は倭音で、音読みなのです。後の時代の先生方が文字の分類をされて、滓の字の［かす］が訓読みと判定されただけのことで、分類は後付け理論なのです。魏志倭人伝の時代には、音読みと、訓読みの初頭音節の間には、区別がありません。このように、倭語と言うのは、形声文字を使いこなすなど、漢字の成り立ちについては、漢語と同じ法則に沿っている言語だと考えられます。

また、宰の字の［かす］は、失われた倭訓であり、同時に失われた倭音であり、同義遷訓の例であるとも考えられます。しかし少し勘の狂う同義遷訓です。監統の二字熟語から、宰の一字への遷訓で、同義遷訓法則は漢字一文字と漢字一文字の間だけではないようで、意味が同じなら文字数は何でもよいようです。

また、形声文字の声音の訓と言うのは、結構重要な考え方です。と言うのは、漢字と言うのはあまりに文字種が多く、全ての文字に訓読みが分かっているわけでは有りません。訓読みがよく分からない漢字の訓読みを予想するのに、形声は良いアイデアです。

ところで、監統には、派生語と考えられる単語があります。その一つは、春日［かすが］です。これは天皇を宰輔した氏族の祖先神の名でしょう。もう一つは、鎹［かすがい］です。これは構造を支える金属製の建築材料です。国を支えるのは春日で、建築物を支えるのは鎹です。

これらの単語での［が］は、おそらく助詞か助動詞であったものが単語の中に残ったものと考えられます。こうしてみると、倭語は和語的な話し言葉の文法を持っていたものと考えられます。

伊都は、伊の字の倭音［カ］と、都の字の倭音［ス］を、倭真名の監統に充てたもので、伊や都は声音を綴《つづ》る仮名として機能しています。倭語は倭仮名をもって、倭語の話し言葉、口語を書き表しているのです。

また、監統は、漢字二文字からなる熟語で、これで倭語の一つの単語です。倭語は倭真名の二文字を連《つら》ねた、熟語を作っていたのです。

真名は、漢字の文様と声音と意味とをセットで持つ漢字本来の使い方です。普通、漢字の声音は呉音、漢音、唐音です。しかし、倭真名では、声音が倭仮名の読みと同じ倭音で、多くは倭訓の初頭音節なのです。

伊と都は倭訓の初頭音節を声音とした訓仮名です。そうすると、監と統は倭訓の初頭音節を声音とした、訓真名とでも言うようなものです（訓真名などと言う言葉は存在しません）。倭真名は訓真名が多いのが特徴です。倭語単語の初頭音節を倭音に充てるという倭音の法則は、倭真名にも通用します。

監の倭訓は［かんがみる］でその初頭音節は、［か］と書きましたが、ローマ字で綴ると［kangamiru］ですから、漢語や英語の場合は、初頭音節は［kan］だろうと思いますが、和語と同じで倭語も［ka］を一音節と捉える傾向があります。倭語の音節は子音プラス母音を一音節とする開放音節なのです。

監の字に、金偏を付けると鑑の字になります。鑑の字の倭訓にも［かんがみる］が有ります。ここでも形声文字の声音が訓になっています。鑑の字の倭訓には［かがみ］も有ります。［かがみ］の語源は、影［かげ］見［み］と言うのが通り相場のようですが、これは怪しいのではないでしょうか。動詞としての鑑［かんがみる］の語幹は［かんがみ］［kangami］ですから、初頭音節の閉音節［kan］から［n］が脱落して開放音節の［ka］になったのが［かがみ］でしょう。やはり閉音節の末尾子音は脱落傾向にあるようです。

おそらく時代を遡り魏志倭人伝よりも、もっと古い時代の倭語には、多くの閉音節があったのだろうと思います。

このように、一つの国名の伊都が解読されると、倭語の特徴が次々に明らかになってきます。こういうのを、「視界が開ける」と言います。解読成功の吉兆です。

さらに、方法論を適用した解読作業を必要としない文字が、四文字増えました。伊と都と監と統の四文字です。既読文字が増えたので、これからは解読の作業がほんの少し楽になります。さらに他の倭語に解読を進めて行けば、既読の文字が増え、どんどん楽になるはずです。

また監統は、漢字二文字からなる熟語で、倭訓も［かす］ですが、倭語は単語の初頭音節を倭音に充てる、と言う「倭音の法則」があります。熟語の［かす］に、「倭音の法則」をもう一度適用すれば、［か］になります。この後の倭語の名称で［か］の声音が出てきた場合、説明文の中で明示的に監統の文字が使われていなくても、間接的な証拠だけで、［か］の倭真名が監統であると推定できます。解読の方法自体が、読解を進めることにより進化するのです。

また後の時代の和語に引き継がれた倭語が、どう言う意味の命名であったのかを、推定することも出来るようになります。春日や鎹もその例です。

倭語の特徴から見て、宰輔という熟語は、口語では［かすぎをぎのう］と読まれていたと思われます。そうだとすると、伊都国が、後の和名類聚抄で小城郡［をぎこうり］と呼ばれるのは、宰輔の後ろの［をぎのう］の［をぎ］の部分が地名になったのでしょう。和名類聚抄の地名は、魏志倭人伝の時代の倭語を継承しており、これからも頼りになる資料のようです。

また「倭音の法則」と言うようなものは、編著者の陳寿や、魏の国の使者や役人には、分かる筈がありません。漢人には不可知な事項で、倭人にしか分かりません。と言うことは、伊都國と言う表記をした人物は、倭人でしかないのです。また伊都國の倭真名、監の字と統の字を使って伊都國を説明した人物も倭人です。すなわち、倭人が書いた倭国ガイドブックと言うような資料が本当に在ったのです。もっとも、如何《いか》に理解力が高い陳寿でも、何も分からないまま、倭人伝を編集することは出来なかった筈です。おそらく、「監統、此云、伊都。」と言うような具合に、注釈の入ったガイドブックだったのだろうと思われます。

倭語の解読は、陳寿が伝えた倭人の歴史の理解にも大きな影響を与えます。魏志倭人伝の方位里程問題を正しく読み取れれば、国名の正確な比定地が分かります。比定地が分かれば、倭語の声音法則が引き出せます。声音法則が分かれば、魏志倭人伝の倭語の解読ができます。解読が出来れば、国名命名の意味が分かります。国名命名の意味が分かれば、倭人の歴史の理解が深まります。

もう魏志倭人伝の方位里程の謎は存在しません。後は倭語解読を重ね、倭人の歴史の理解を深めていくことにします。

◇狗邪韓國

狗邪韓國は、現在の釜山付近にある倭人の国です。韓の倭訓は［から］で、そのまま意味が取れるので、これは倭真名です。また地理的にこの国は韓國の中にあるのは明らかなので、狗邪韓國は韓人の国の意味であると思われます。

また狗邪韓國の邪の字は、倭音が［ヤ］であることが、既に分かっています。邪韓の二字で韓人を意味する言葉である筈です。ですから魏志倭人伝の漢文の中から、倭音が［ヤ］で、韓の字と合わせて、意味が韓人になる文字を探せばよいのです。それは、おそらく屬の字です。原文の中では『屬女』と言う言葉が出て来ますが、屬の字の倭訓は［やから］で、倭音は［ヤ］です。そうすると、邪韓は屬韓で、屬韓は韓人のことだと考えられます。

また狗邪韓國の狗は倭音が［ク］であることが、既に分かっています。ですから倭音が［ク］で、屬韓の二字と合わせて、意味が「韓人の国」になる、所属を表す「の」の意味になる、文字を探せばよいのです。

狗邪韓國の地理は、魏志韓伝の中で説明されています。『韓、在帯方之南。東西以海爲限、南與倭接。方可四千里。』これを、倭仮名の狗に当たる倭真名は、どの字なのかと言う目で、見ていきます。説明文が短いこともあって、一見して、［ク］は倭訓が［くみする］または［くれる］の與の字であることが分かります。「組《くみ》する」であれ「呉《く》れる」であれ、何れも所属の意味で使えます。

狗邪韓は與屬韓で［くやから］です。解読結果を表ー13にまとめておきます。

次に與属韓の意味が問題になります。與の字が、倭訓の［くみする］（組する）であるとすると、與屬韓は、「韓人の仲間」の意味になります。語順を考えてみると、與屬韓は韓の（a）、属に（o）、組する（v）なので、これは漢語の語順です。與の字が、倭訓の［くれる］（呉れる）であるとすると、倭が（s）、韓に（o1）、属を（o2）、呉れた（v）、ところの與屬韓國、の意味である、と取ることも出来そうですが、これだと倭（s）を補わないと意味が取れません。これは倭訓の［くみする］（組する）の方に分がありま す。與屬韓は、「韓人に組する」だと考えられます。

與の字が［くみする］であれ［くれる］であれ、何れにしても狗邪韓國の語順は、漢語の語順であるのは間違いないようです。どうも倭語の漢語順法則は正解だったようです。

そうすると、倭語の書き言葉は倭真名を綴った漢語

表-13　狗邪韓國

音、訓、万葉仮名	倭真名	声音	倭仮名	音、訓、万葉仮名
ヨ（呉）（漢）、あたえる、**く**みする、**く**れる、よ乙（仮）	與	ク	狗	**ク**（呉）、コウ（漢）、いぬ
ショク、ゾク（呉）、ショク（漢）、さかん、つながる、**や**から	屬	ヤ	邪	ジャ、**ヤ**（呉）、シャ、**ヤ**（漢）、よこしま、**や**、か、**や**ましい、ざ（仮）
ガン（呉）、カン（漢）、**から**	韓	カラ	（韓）	ガン（呉）、カン（漢）、**から**

注）倭仮名欄の（ ）書きは、真名。

で、話し言葉は和語=倭語であったと言うことが分かります。もう一つ面白いのは、狗邪韓という書き方が、倭仮名と倭真名との混合表記だと言うことです。どうも組み合わせ自在なようです。

◇狗奴國

狗奴國の王の卑彌弓呼は、屬女の王ではありません。狗奴國の狗奴は、既に［クマ］であることが分かっています。また狗の字の倭音［ク］の倭真名は與の字で、倭訓は［くみする］(組する) であることが分かっています。奴の字の倭音は［マ］で、これは倭仮名表記だと考えられます。狗奴は、「奴の仲間」の意味です。

奴の字義は、奴婢《ヌヒ》、奴隷《ドレイ》とか、身分の低い女ですから、奴の字は卑字《ヒジ》です。自分で自分を蔑《さげす》むというのは可笑しな話で、これが真名であるとは考えられません。やはり奴は、倭仮名でしょう。

『倭女王卑彌呼與狗奴國男王卑彌弓呼、素不和。遣倭載斯烏越等、詣郡、説相攻撃狀。』卑彌呼が屬女の王国の女王、卑彌弓呼は屬女ではない狗奴國の男王です。また、卑彌弓呼は卑彌呼と、敵対関係にあり、武力抗争になっています。武力抗争になっていることだけを捉えて、狗奴國は女王国とは別の国と考える向きもありますが、それは正しくはありません。狗奴國は、邪馬壹國と同じ「奴の仲間」です。

　魏志倭人伝では、冒頭に『今使譯所通三十國。』と書いているので、三十カ国が女王の国です。その三十カ国のうち、国名に奴の字が付いた国が八カ国あります。その中には、華奴蘇奴國のように奴の字が二つ入った、可笑しな名前の国もあります。次が馬の字が付いた国で、これは五カ国あります。次が邪の字が付いた国で四カ国あります。ですから奴の字が付いた国は、最大の多数派です。女王の国のベースは、奴のグループで、おそらく女王国全体の国名が奴國あるいは奴邦なのです。解読結果を表-14にまとめておきます。

　奴とは何者なのか、見極めておく必要があります。奴の記述は、後漢書の中にも出てきます。後漢書は、南朝宋の時代に、范曄によって編著された史書です。成立は魏志倭人伝の三國志より新しいのですが、陳寿の扱った三国時代よりも古い後漢の時代の資料を編集して、書き残していま

表-14　狗奴國

音、訓、万葉仮名	倭真名	声音	倭仮名	音、訓、万葉仮名
ヨ（呉）（漢）、あたえる、**く**みする、**く**れる、よ乙（仮）	與	ク	狗	**ク**（呉）、コウ（漢）、いぬ
ヌ（呉）、ド（漢）、め、やつ、やっこ、**ま**ずめ、な（仮）	（奴）	マ	奴	ヌ（呉）、ド（漢）、め、やつ、やっこ、**ま**ずめ、ど甲（仮）、な（仮）、ぬ（仮）、の甲（仮）

注）倭真名欄の（ ）書きは、仮名。

す。陳寿も、そのことを知っていたのだと思いますが、魏志倭人伝の中では触れていません。受け持ちの時代が違うと言うことでしょう。また、魏志倭人伝の中では、卑彌呼女王の使者が帯方郡や魏の都に詣でていますが、その相手をした魏の役人も、そのことを知っていただろうと思います。

後漢書は書いています。『建武中元二年、倭奴國奉貢朝賀。使人自稱大夫。倭國之極南界也。光武賜以印綬。』建武中元二年は、西暦57年です。この時も奴と名乗っています。「倭国の一番南の端」だと言っているのですが、これはおそらく范曄の早とちりです。陳寿が魏志倭人伝の中で『計其道里、當在會稽東冶之東。』と考察を述べたのを、真《ま》に受《う》けています。後漢の初代皇帝の光武帝は、奴に対して印綬を与えています。この印が江戸時代に志賀島から出土し、今は国宝に指定されている『漢委奴國王』の金印だとされています。金印では国名を奴國、大夫を王としています。しかし、何処《どこ》の馬《うま》の骨《ほね》か分《わ》からないものに金印なんか与える筈がないので、この奴という王統は、漢人からもよく知られた、由緒のある王統のようです。

また西暦57年は、前漢の時代を記述した正史である漢書の成立よりも前であって、漢書の著者は、この時の貢献を知ったうえで、漢書を書いている筈です。漢書の地理志の中にある『樂浪海中有倭人，分為百餘國，以歲時來獻見云。』は、この時の貢献を踏まえたうえで書いているのでしょう。西暦57年には、小国が百余りあった奴國は、魏志倭人伝の西暦２３８年には、三十カ国に減ってしまっています。減った原因を、明示的には書いていませんが、女王国が関門海峡の西の九州北部に収まり、東には侏儒國、裸國、黒齒國の倭人の国が有るのですから、倭国が内部分裂したと考えるのが、素直な解釈だと思います。

また後漢書には次の記事もあります。『安帝永初元年、倭國王帥升等獻生口百六十人、願請見。』安帝の永初元年は西暦107年です。この時は倭国の大夫で、首長の『升』と言うものが遣って来た、と言っています。升とは何でしょう。升の字の倭訓は［ます］です。なので、倭音は［マ］です。後漢の時代まで遡っても、倭音の法則は通用します。升と奴は、声音に充てた字は違うけれど、同じ奴國のことを言っているのです。

このように、奴國と言うのは、相当に古い時代からある倭人の国であることは理解出来ます。また奴は倭仮名表記であって、時には別の倭仮名を使って升と表記されることもあるのです。

狗奴國の地理的位置は、和名類聚抄では肥後國託麻郡、益城郡に当たります。その内の託麻［たくま］に［くま］の声音が含まれています。そうすると［たくま］は「狗奴國の王」を意味する言葉であろうと思われます。王を意味する［た］の倭真名は何であったのか、王、皇、后、公、候などを辞書で当たってみても、初頭音節が［た］になる音読み訓読みは有りません。有り得るのは帝の字です。帝の字の漢音は［テイ］ですが、呉音は［タイ］で初頭音節は［タ］です。おそらく託麻は帝與奴であろうと思われます。

◇邪馬壹國

次の解読は、邪馬壹國です。邪馬壹國は、卑彌呼の女王国の首都です。

邪馬壹國の邪馬は［ヤメ甲］であることが分かっています。壹の字は、呉音は［イチ］、倭訓は［ひとつ］［もっぱら］［まったく］［いつ］です。倭音の候補は［イ］［ヒ］［モ］［マ］です。

説明文を用意します。まず『南至邪馬壹國、女王之所都。』です。邪馬壹國の意味は、「女王の都がある所」です。伊都國のところでは『世有王、皆統屬女王國。』、狗奴國のところでは『不屬女王』と言っているのも重要です。卑彌呼女王は屬女というグループの王なのです。次の女王国を説明した長い文章も有ります。

『其國本亦以男子爲王。住七八十年、倭國亂、相攻伐歴年。乃共立一女子爲王、名曰卑彌呼。事鬼道、能惑衆。年已長大、無夫壻、有男弟佐治國。自爲王以來、少有見者。以婢千人自侍、唯有男子一人給飲食、傳辭出入。居處宮室樓觀、城柵嚴設、常有人、持兵守衛。』

文字数が多すぎて、当たりの倭真名を探すのが嫌になりそうですが、我慢してスキャンしていきます。

［ヤメ甲］は屬女でしょう。屬の字の倭訓は［やから］ですから、倭音は［ヤ］でしょう。女の字の倭訓は［め］ですから、倭音は［メ］です。ですから邪馬の倭真名は屬女なのです。

壹の字は［イ］［ヒ］［モ］［マ］のいずれかですが、これに当たる字は嚴です。もうすこし原文をよく見てみます。『唯有男子一人給飲食、傳辭出入。居處宮室樓觀、城柵嚴設、常有人、持兵守衞。』この句読点の打ち方だと「城柵を厳《きび》しく設け」と訳したいのですが、語順が城柵（o）、嚴（av）、設（v）になって、和語の語順で、漢語の語順ではありません。私は、男子一人（s）、出入（v）、居處（o）、宮室（o）、樓觀（o）、城柵（o）、嚴設（o）、であって居處と宮室と樓觀と城柵と嚴設の五つの施設が並列に並べたててある、と読みます。この嚴設とは鬼道、祭祀のための設備です。

嚴の字は、日本書紀の神武天皇記に用例があり、注釈の『嚴瓮、此云怡途背』や『嚴呪詛、此云怡途能伽辭離。』から、万葉仮名表記で怡途、声音は［いつ］であったことが分かります。二音節なので、既に熟語になっているようです。また日本書紀の神功皇后記にも用例があり、天照大神のことを『撞賢木嚴之御魂天疎向津媛命』と言っています。［つきさかきいつのみたまあまさかるむかつひめのみこと］と読み慣《なら》わされています。嚴之御魂なのですから、嚴は御魂《みたま》を祀《まつ》る所であったことが分かります。向津媛は嫡后《むかつひめ》でしょうから、王権の相続者で、祖先神です。両方を考え合わせると、嚴は代々の王統を祀る霊廟の意味であることが分かります。倭仮名の邪馬壹は、倭真名の屬女嚴であって［やめいつ］です。意味は、屬女の霊廟です。解読結果を表Ⅰ-15にまとめておきます。

嚴の字の［いつ］は、一文字で二音節ですから、漢字の二文字から成る熟語であるようです。どういう熟語なのかを考えてみます。［い］は、嚴の意味からみて、齋（新字体の斎）で［いつき］でしょう。［つ］は設備の意味ですから、おそらく室の［つま］です。［いつき］と［つま］の初頭音節を並べて［いつ］で、声音［いつ］を嚴の字に充てて、倭真名の嚴が成り立っているようです。

魏志倭人伝よりも後で書かれた後漢書の東夷列傳のなかで、邪馬壹國は邪馬臺國と一文字を修正されて出て来ます。魏志倭人伝では『南至邪馬壹國、女王之所都。』と書かれているので、『王之所都』の意味であるなら、壹の字は臺の字の誤りと断定して、修正されたようです。臺の字には、「皇帝の宮殿」の意味が有るからです。倭仮名書きの固有名詞を、漢語の意味を持って校正するのは、次元の違う論法なのですが、漢人はよくこん

表-15　邪馬壹國

音、訓、万葉仮名	倭真名	声音	倭仮名	音、訓、万葉仮名
ショク、ゾク（呉）、ショク（漢）、さかん、つながる、**や**から	屬	ヤ	邪	ジャ、**ヤ**（呉）、シャ、**ヤ**（漢）、よこしま、**や**、か、**や**ましい、ざ（仮）
ニョ（呉）、ジョ（漢）、おんな、**め**、ま、**め**$_{甲}$（仮）	女	メ$_{甲}$	馬	**メ**（呉）、バ（漢）、うま、むま、ま、**め**、ま（仮）**め**$_{甲}$（仮）
ゴン（呉）、ゲン（漢）、おごそか、きびしい、**いつ**くし、**いつ**	嚴	イツ	壹	イチ（呉）、**イツ**（漢）、ひとつ、もっぱら、まったく、**い**

な事をしてくれます。お陰で、倭人の国の首都、邪馬臺國は、定説のように扱われ、後の中国の史書にも登場します。さらに尾鰭が付いて、邪馬臺を［ヤマタイ］と読んで、奈良の大和［やまと］であるとか。今も一般的には邪馬台と書かれることが普通になっています。まったく、迷惑な校閲と言う奴《やつ》です。台の字は臺の字の新字体です。

もう一つ面白い声音があります。嚴の声音の万葉仮名表記の怡途［イツ］です。途の声音は［ツ］ですが、これは訓仮名です。「行きつ、戻りつ」と言う場合の［つ］が途の字で、これは訓読みです。途の字を呉音で読むと［ト］です。呉音では怡途は［イト］、従って呉音では嚴も［イト］になります。

一方で、伊都國と間違えられた現在の糸島市は、筑前國怡土郡です。この怡土は［イト］で、土の字を呉音で［ト］と読んでいます。土の字の倭訓は［つち］で、その初頭音節は［つ］ですから、倭音は［ツ］です。倭音では怡土は［イツ］で、嚴の声音とピッタリと一致します。どうも倭音を呉音に読み替えて、後の世に引き継がれたようです。この意味することは、霊廟は現在の筑後市、八女市だけにあったのではなく、現在の糸島市にもあったということです。どうも、霊廟と言うのは、時代と共に引越ししていたようです。

現在の糸島市は、筑前國怡土郡と筑前國志摩郡を併せて［イトシマ］糸島としたものです。魏志倭人伝の中には怡土郡らしき国名は出て来ませんが、志摩郡は其餘旁國の二十一カ国の中に、斯馬國として出て来ます。斯馬は［しめ甲］ですが、後に［め甲］は、［ま］と［め］に分裂するので、斯馬は［しま］なのです。

このように考えると、斯馬［しめ甲］の倭真名は、おそらく鎮女で、「屬女を鎮める」の意味であろうと思われます。斯馬は「屬女の政庁」ではないでしょうか。

このように、倭語が読めると霊廟の変遷がある程度は分かるのです。

和名類聚抄では、邪馬壹國は筑後國上妻郡です。上妻は［かむつま］です。［かむつま］は奴國の卑彌呼女王の霊廟の在った所ですから、おそらく「神《かむ》つ奴」でしょう。

◇伊邪國

これだけ解読を重ねると、既読の文字も増えてきます。それで、陳寿の書いた漢文の説明がない国名も、分かるようになります。伊邪國と邪馬國が、読めるようになった国名です。まずは、その餘の旁國の

表-16　斯馬國

音、訓、万葉仮名	倭真名	声音	倭仮名	音、訓、万葉仮名
チン（呉）（漢）、**し**ずめる	鎮	シ	斯	**シ**（呉）（漢）、かく、か、この、こう、**し**甲（仮）
ニョ（呉）、ジョ（漢）、おんな、**め**、ま、**め**甲（仮）	女	メ甲	馬	**メ**（呉）、バ（漢）、うま、むま、ま、**め**、ま（仮）、**め**甲（仮）

二十一カ国の一つ、伊邪國です。

伊邪國の伊の字は、伊都國の伊の字と同じです。伊の字の倭音は［カ］です。倭語には、倭語の単語の初頭音節を倭音に充てると言う、倭音の法則があります。［カ］は倭仮名表記の伊都［かす］、真名表記の監統［かす］の初頭音節です。伊邪の伊の字は、倭仮名表記の［カ］ですが、意味は監統で倭訓は［かす］で、短縮して倭仮名の［か］になっています。

伊邪國の邪の字は、邪馬壹國の邪の字と同じです。邪の倭音は［ヤ］で、［ヤ］が表す倭真名は屬です。従って、伊邪は監統屬で、［かすや］が短縮されて［かや］になっているのです。伊邪國は、卑彌呼の前の時代の伊都國の地位にあります。解読結果を表Ｉ17にまとめておきます。

解読表のことですが、左側の「音、訓、万葉仮名」欄の書き方が変則的になってしまいました。倭真名の監統にあたる「音、訓、万葉仮名」欄に、熟語の監統を入れて、その音読み訓読みを洗いざらい書き出すのは無理です。以降の解読表では、倭真名の声音を詮索する意味

表-17　伊邪國

音、訓、万葉仮名	倭真名	声音	倭仮名	音、訓、万葉仮名
かす（応訓）	監統 宰	カ	伊	イ（呉）（漢）、**か**れ、これ、ただ、い（仮）
ショク、ゾク（呉）、ショク（漢）、さかん、つながる、**や**から	屬	ヤ	邪	ジャ、**ヤ**（呉）、シャ、**ヤ**（漢）、よこしま、**や**、か、**や**ましい、ざ（仮）

の薄い場合は、訓読のみを書いておくことにします。

さて、伊邪國の位置を考えてみます。和名類聚抄の中から、［かや］あるいは［かすや］と読める郡名を探します。これは簡単に見つかります。筑前國糟屋郡です。今も福岡県糟屋郡粕屋町が在ります。この糟屋郡と言うのはなかなか凄い所にあります。北には海の中道で繋がって、『漢委奴國王』の金印の出土した志賀島が在ります。南は、後に大宰府が置かれた御笠郡があります。西は那珂郡を挟んで、前の時代の霊廟が在った怡土郡です。東は三女神伝説の宗像郡です。

こうしてみると、霊廟の直ぐ近くには、いつも監統王がいて、霊廟の女王と監統王は、セットに成っていたことが分かります。

漢字表記の伊邪の二文字は、古事記では、伊邪那岐［いざなぎ］、伊邪那美［いざなみ］の神名に、部分的に使われています。この二神は古事記の神代の中の「国生み」の夫婦神です。声音は［かや］ではなく万葉仮名式に［いざ］と読まれています。古事記は、仮名文字はそのままで、読みを変えて、国生み物語を作っているようで、古事記の伊邪は国の事を言う言葉のようです。そうすると伊邪那美の那美は、国生みの女神なのですから、「産《う》み」か産霊［ウミ］だと考えられます。那の字の倭訓には［うてな］（高見台の意味）があり、訓仮名［ウ］が可能です。美の字の呉音は［ミ］で、合わせて［ウミ］だと思われます。

伊邪那岐は、「国生み」の一方の男神であると同時に、三貴子［みはしらのうずのみこ］や八百万［やおよろず］の神々を産んだ「神生み」の男神でもあります。この意味からすると、伊邪那岐の那岐の二文字は、産祇［ウギ］であったものを読み替えたようです。

このような読み替えが、何時頃行われたかは、よく分かりません。しかし古事記で読み替えられた伊邪那岐、伊邪那美は、日本書紀では伊弉諾、伊弉冉と、さらに別の仮名漢字で書き換えられています。そこから、古事記にすこし遅れて日本書紀が成立した時には、既に、読み替えられていたのは確実です。しかし、古事記の前となると、資料が無いのではっきりしません。おそらく、魏志倭人伝の時代から、古事記成立の間の何処かで、訓仮名を音仮名に読み替えた時代があったものと思われます。

本居宣長先生は、江戸時代の国学の大家です。先生の「古事記伝」によると、伊邪那岐、伊邪那美は「誘《いざな》いあう男神と女神」の意味に捉えていますが、これは語呂合わせ解読による勇み足でしょう。

◇邪馬國

次はその餘の旁國の二十一カ国の一つ、邪馬國です。邪馬壹國から壹の字を引き算した国名ですので、屬女國です。声音は［やめ甲くに］です。これが卑彌呼女王の屬女グループの国でしょう。解読結果を表Ｉ18にまとめておきます。

邪馬國の位置を考えてみます。和名類聚抄の中から、［やめ甲］の付く郡名をさがすのですが、［め甲］は、後に［め］と［ま］に分裂した声音なので、［やめ］と［やま］の両方の可能性を考えて、探していきます。これも簡単に見つかります。邪馬壹國の在った筑後国上妻郡の直ぐ北に筑後國山本郡があり、上妻郡の南、現在の熊本県と福岡県の県境の近くに筑後國山門郡、肥後國山鹿郡、肥後國山本郡が集まっています。まるで屬女連邦とでも言うような状態です。これが邪馬國です。

しかし、表Ｉ18を落ち着いて、もう一度眺めて見ると、別の疑問も湧いてきます。邪馬國の馬の字の万葉仮名の声音には［め甲］も［ま］もあります。それを［め甲］と決めた根拠は、日本書紀の景行天皇記が、邪馬壹國を説明して『到八女縣。則越藤

表-18　邪馬國

音、訓、万葉仮名	倭真名	声音	倭仮名	音、訓、万葉仮名
ショク、ゾク（呉）、ショク（漢）、さかん、つながる、**や**から	屬	ヤ	邪	ジャ、**ヤ**（呉）、シャ、**ヤ**（漢）、よこしま、**や**、か、**や**ましい、ざ（仮）
ニョ（呉）、ジョ（漢）、おんな、**め**、ま、**め**甲（仮）	女	メ甲	馬	**メ**（呉）、バ（漢）、うま、むま、ま、**め**、ま（仮）**め**甲（仮）

山、以南望粟岬、詔之曰「其山峯岫重疊、且美麗之甚。若神有其山乎。」時水沼縣主猨大海奏言「有女神、名曰八女津媛、常居山中。」故八女國之名、由此而起也。』と書いているからです。八女國の八女は、万葉仮名では［やめ甲］であって、［やま］とは読めません。しかし、どう見ても山に引っ掛けて八女と言っているように見えるので、山の字も古い時代には［やめ甲］と発音していたと判断しました。これは、早とちりであったかもしれません。

日本書紀の元になった資料に、山［やま］も屬女［やめ甲］も、何方も邪馬の字を充てていたのではないかと考えられます。日本書紀、景行天皇記の地名説話は、これを逆手に取って、屬女を山で説明したのではないでしょうか。

邪馬國の跡地が、和名類聚抄の中では、すべて［やま］の声音であるのも、邪馬を［やま］とも読めたので、こちらが採用されただけではないでしょうか。

そう考えると、前に戻って、魏志倭人伝の斯馬［しめ甲］の倭真名が鎮女で、和名類聚抄では筑前國志摩郡の志摩［シマ］になったのも、単に万葉仮名では、馬の字が［め甲］とも［ま］とも読めただけのことでしょう。

私もよく判断間違いをしますが、この早とちりは、魏志倭人伝の倭語の解読にとってはラッキーな判断間違いであったようで、その為に、山の付く古地名が読めました。

◇侏儒國、裸國、黒歯國

侏儒國、裸國、黒歯國は、女王国から東に海を渡ったところにある国で、三カ国共に倭人の国です。侏儒國は四国の国、裸國は中国地方の国です。黒歯國は、おそらく近畿地方の国です。

侏儒國の侏の字は、倭訓［みじかい］ですから、倭音は［ミ］です。侏儒國の儒の字は、倭訓［よわい］（歳あるいは齢）ですから、倭音は［ヨ］です。ですから侏儒は［ミヨ］かと言うと、これが違うのです。侏儒は［ヨミ］です。倭語の書き言葉には、漢語順法則が有ります。「侏儒」にレ点を付けて、和語順にすると［ミヨ］が［ヨミ］になるのです。このように倒置して読んでみると、侏儒は、「年老いて（おそらく腰が曲がって）小さい」の意味だと考えられます。そうすると、侏儒は初めから倭真名表記のようで、そのまま意味が取れます。魏志倭人伝の中では『又有侏儒國在其南、人長三四尺、去女王四千餘里。』と書かれていて、『人長三四尺』の小人だと言っているので、意味が一致しています。そのままで意味が取れるので、侏儒は倭真名です。解読結果を表-19にまとめておきます。

表-19　侏儒國

音、訓、万葉仮名	倭真名	声音	倭仮名	音、訓、万葉仮名
よみ（黄泉）	侏	ミ	(侏)	ス（呉）、シュ（漢）、**み**じかい、あざむく
	儒	ヨ	(儒)	ニュウ（呉）、ジュ（漢）、みじかい、**よ**わい

注）倒置読み。黄泉は日本書紀の表記。

侏儒の［よみ］の初頭音節は［よ］です。斎の字の倭訓は［いつき］で、初頭音節は［い］です。斎侏儒と綴ると声音は［いよ］です。［いよ］は日本書紀では『伊豫』と書かれていま す。伊豫は四国で、侏儒國の地理的な位置が四国だというのと一致しています。

侏儒という言葉自体は、前漢の時代に書かれた史記や、その後の歴代の史書にも出て来ます。どうも前漢時代の齊地（春秋戦国の齊の後地）の俳優のようです。倭人と言うのは、中国の書物をよく勉強していて、名前の出どころは中国史書なのでしょう。しかし、侏儒國は伊豫で、現在の四国で、実在の国なのです。おそらく、地名の命名は漢語の斎侏儒を取ってきて、声音は倭語の倭音で読んで［イヨ］で、この声音を万葉仮名で伊豫と表記しているのでしょう。［よみ］は日本書紀では『黄泉』の声音に充てられています。なぜ侏儒を黄泉に充てたのか、如何いう意図の作話なのかは、私にはよく分かりません。中国の史書の漢書、後漢書には黄泉は沢山でてくるので、そちらから取ってきたのでしょう。

日本書紀の中には、侏儒の黄泉が関係する多くの物語があります。伊弉諾尊、伊弉冉尊の冥土の話、月讀尊の話、保食神の話、少彥名命の話なんかです。侏儒の語源は、漢語のパクリであることは明白ですが、日本書紀の物語と如何繋がっているのかは、よく分かりません。古事記や日本書紀の神代は、論理的に読んではいけない書物のようです。しかし、伊豫や黄泉などは、単純な作話ではなく、魏志倭人伝時代の侏儒國の命名に、根源があるようです。

次は、裸國です。裸の字の倭訓は［はだか］ですから、倭音は［ハ］です。ですから、何等《なんら》か［は］で始まる単語の初頭音節であった筈なのですが、それが何であったかは、魏志倭人伝の中には、地理的な位置が中国地方であること以上の説明が無いのでよく分かりません。

この命名も、侏儒の例のように、日本書紀や古事記の物語と関連付けがありそうです。そこで［ハ］で始まる単語を、日本書紀や古事記から取って来るなら、速［はや］、秦［はた］、隼人［はやと］、間人［はしひと］、箸姫［はしひめ］などの［ハ］で始まる単語が見つかります。速［はや］は、古事記の中で建速須佐之男命［たけはやすさのおのみこと］に使われています。須佐之男命は、出雲神話の祖先神で、中国地方に所縁《ゆかり》の神です。

秦は、普通に渡来系の氏族と考えられています。中国の正史の一つ、隋書では608年に、裴清という隋朝の役人が倭国に遣ってきて、その渡航の経路が書かれています。『度百濟、行至竹島、南望耼羅國、經都斯麻國、迥在大海中。又東至一支國、又至竹斯國、又東至秦王國，其人同于華夏，以爲夷洲，疑不能明也。又經十餘國，達於海岸。自竹斯國以東，皆附庸於俀。』難解な記述ですが、竹斯國を筑紫［ちくし］で九州のことだとすると、その東の秦王國は中国地方だと言うことになります。秦も中国地方に所縁《ゆかり》の名前です。

可能性のあるのは、速か秦だと思われますが、決定打が有りません。不完全な解読表を表―20にあげておきます。

次は、黑齒國です。黑の字の倭訓は［くろ］ですから、倭音は［ク］です。齒の字は呉音の［シ］を取って、倭音の［シ］です。ですから黑齒は［クシ］です。それが何であったかは、魏志倭人伝の中には、地理的な位置が近畿地方であること以上の説明が無いのでよく分かりません。この国名も日本書紀や古事記から取るなら、［クシ］は櫛［くし］か奇［くし］ではないかと思われます。

日本書紀は初代の神武天皇の皇后を『事代主神、共三嶋溝橛耳神之女玉櫛媛、所生兒、號曰媛蹈鞴五十鈴媛命。是國色之秀者。』と書いていて、皇后の母方の玉櫛媛が近畿地方に所縁《ゆかり》の名前です。

この黑齒と言う名前は、漢籍の淮南子や山海経にも出て来ます。淮南子は前漢の時代に学者が集まって編纂した思想書です。山海経は、春秋戦国時代から、秦、漢時代にかけて徐々に加筆されて出来上がった、地域にまつわる伝奇物です。黑齒と言う名前の出どころは、やはり漢籍のようですが、黑齒は櫛で実在の国のようです。また山海経では、黑齒の北に扶桑がある、と言っています。扶桑は倭語としては［おく］です。扶の字は、形声文字と考えると、夫の字と同訓の筈ですから［オ］です。桑の字は、倭訓が［くわ］ですから、倭音は［ク］です。扶桑は［おく］で、奥の字です。後に陸奥［みちのく］［みちのおく］と呼ばれた地方と、地理的な位置と声音の両方が一致します。おそらく、地名の命名は漢語の

表-20　裸國

音、訓、万葉仮名	倭真名	声音	倭仮名	音、訓、万葉仮名
		ハ	裸	ラ（呉）（漢）、**は**だか

黒齒を取ってきて、声音は倭語の倭音で読んで［クシ］で、この声音を倭訓で櫛と表記しているのでしょう。

ただし、この黒齒［くし］ですが、声音は分かるのですが、意味が分かりません。倭真名に変換しようがない、おそらく櫛の字も仮名でしょう。不完全な解読表を表－21にあげておきます。

もう一つ、この黒齒と言う名前が出てくるのは、中国の正史の舊唐書と、半島に残る正史の三國史記です。人名を黒齒常之と言います。百済滅亡（660年）の後に、百済復興運動を首謀した将軍の一人です。救援した倭軍が、白村江の戦いで敗退した後、唐に投降し、唐の将軍として主に対突厥戦線で活躍した人です。確証は有りませんが、ヒョットしてと言うところです。

侏儒國、裸國、黒齒國は、倭人たちの列島内の拡散の様子を示していはます。魏志倭人伝の時代に四国、中国、近畿に、九州の卑彌呼の女王国に相当するような、体制を持った国を作っていたと言うことです。

卑彌呼の奴國、侏儒國、裸國、黒齒國は、体制を持った国です。そう

表-21　黒齒國

音、訓、万葉仮名	倭真名	声音	倭仮名	音、訓、万葉仮名
くし	(櫛)	ク	黒	コク（呉）（漢）、くろ
		シ	齒	シ（呉）（漢）、は、は（仮）

注）櫛は日本書紀の表記。仮名と思われる。倭真名欄の（ ）書きは仮名。

すると霊廟も夫々の国ごとに在ったものと思われます。しかし大王が卑彌呼のように霊廟の女王だったか如何かは分かりませんが、大王は居たでしょう。

◇壹與と投馬國

壹與は卑彌呼の後継の女王です。壹與の壹の字は倭仮名の［いつ］で、倭真名は嚴、声音は倭訓の［いつ］、意味は霊廟です。壹與の與の字の倭音は、倭訓の［くみする］の初頭音節の［ク］ですから、倭仮名としては［く］です。なので、壹與は［いつく］です。しかし、［く］で表される倭真名がなんであるかは、まだ分かっていません。

投馬國は、邪馬壹國が遷都した壹與女王の国です。投馬の投の字は、呉音で［トウ］、倭訓は［なげる］なので、［ト］と［ナ］が倭音の候補です。投馬の馬の字は、既に［め甲］であり、倭真名は女の字であることが分かっています。

次に説明文を用意します。『卑彌呼以死、大作冢、徑百餘歩。狗葬者奴婢百餘人。更立男王、國中不服。更相誅殺、當時殺千餘人。復立卑彌呼宗女壹與、年十三爲王、國中遂定。』壹與のことを宗女と言っています。壹與と言うのは、屬女のグループの中心に位置する女なのです。当時、仏教はまだ入ってきていないので、宗は同じ祖先をもつ一族の中心の意味です。宗の字の呉音は［シュウ］、倭訓は［むね］で、投の字の倭音の候補の「ト」や「ナ」とは読めそうにありません。しかし、一族の中心の意味では、同義と見られる字があります。樞（新字体の枢）の字です。こちらには、［とぼそ］という倭訓が残っていて、初頭音節は［と］です。同義遷訓。宗の字には、和訓に引き継がれず、忘れられた倭訓の［とぼそ］があったものと考えられます。従って宗の倭音は「ト」、投馬は［トメ甲］で、倭真名表記は宗女です。投馬國は［とめ甲くに］で宗女國です。

そうすると、壹與の［イツク］はなにか。おそらく倭人の国々の霊廟である嚴を預かっているのだから、嚴邦［いつく］でしょう。以前から、嚴のことを霊廟と言ってきましたが、宗廟と言い換えた方が良いのかもしれません。解読結果を表ー22と表ー23にまとめておきます。

壹與は邪馬壹國に居たのではなく、投馬國に居たのは、明らかです。従って、宗廟も投馬國に移っている筈です。

また、前に掲げた説明文をよく見て下さい。『復立卑彌呼宗女

表-22　投馬國

音、訓、万葉仮名	倭真名	声音	倭仮名	音、訓、万葉仮名
ソ（呉）、ソウ（漢）、**と**ぼそ（忘訓）、そ甲（仮）	宗	ト	投	ズ（呉）**ト**ウ（漢）、なげる
ニョ（呉）、ジョ（漢）、おんな、**め**、ま、**め**甲（仮）	女	メ甲	馬	**メ**（呉）、バ（漢）、うま、むま、ま、**め**、ま（仮）**め**甲（仮）

壹與、年十三爲王、國中遂定。』訳《ヤク》してみます。「また、卑彌呼を立てた。（今度の卑彌呼も）宗女で、壹與で、年十三である。これを王とすることで、結果として国中が平定された。」壹與もまた、卑彌呼なのです。邪馬壹國の卑彌呼もまた、宗女で、壹與で、即位の時には年十三であったのです。魏志倭人伝には、卑彌呼は二人登場するのです。そうすると、邪馬壹國の卑彌呼の以前にも、先代の卑彌呼がいたのでしょうか。可能性は、非常に高いと思います。邪馬壹國の解読のところで述べたように、邪馬壹國より古い宗廟が今の糸島市に在ったことは分かるので、ここが先代の卑彌呼の首都であると考えられます。

宗廟の女王と、監統王は、セットに成っていたらしいことは、伊邪國のところで述べました。そうすると壹與も監統王とセットに成っていたのでしょうか。そこで和名類聚抄に当たって、投馬國が在ったと思われる日向國に、［かす］と読める郡があるかどうかを見てみます。そうすると、日向國には［かす］らしい郡は見当たりません。そこで郡の下の縣で［かす］らしい地名を探し

表-23　壹與

音、訓、万葉仮名	倭真名	声音	倭仮名	音、訓、万葉仮名
ゴン（呉）、ゲン（漢）、おごそか、きびしい、**いつ**くし、**いつ**	嚴	イツ	壹	イチ（呉）、**イツ**（漢）、ひとつ、もっぱら、まったく、**い**
ホウ（呉）（漢）、**く**に	邦	ク	與	ヨ（呉）（漢）、あたえる、**く**みする、**く**れる、よ乙（仮）

てみると、日向國諸縣郡春野縣がヒットしてきます。ここは現在の宮崎県都城市菓子野町です。今の菓子野は［かしの］と読ませているようです。菓子を［かし］と読むのは、呉音も漢音も同じです。呉音や漢音より新しいとされている唐音では、菓子を［かす］と読みます。元々、春野で［かすや］であった物を、後に唐音の借音で菓子野と書き直し、それを更に、読み直して［かしの］としたようです。

また日向國の隣の大隅國には始羅郡鹿屋縣があります。今の鹿児島県鹿屋市です。和名類聚抄では、鹿屋に声音が分かる注釈はありません。現在は［かのや］と読んでいるようです。やはり、宗廟の女王と、監統王は、セットに成っていたらしいのです。

ところで、宗の［とぼそ］は、元々が臍《へそ》の意味です。臍は母系にとっては象徴的な体の部位です。屬女とは、臍で繋がった母系の一族なのです。一方、姓《かばね》というのは、元々が母系の一族の苗字です。おそらく、魏志倭人伝が言っている屬女とは、姓の字義です。姓字で一族を表示せずに、同姓の一族＝属女と表示しているのです。屬女の姓、苗字は何か。これは、これまでのところでは、分かりません（ずっと後になってから、分かります）。

そうすると、屬女の王国を代々統制してきた伊都國王は、おそらく本来は屬女ではない、別の姓の種族であったものと考えられます。宗廟の女王の卑彌呼は屬女の一族から出て、こちらが大王です。別姓の一族の監統王は、大王の宰補役に回っている。おそらく屬女が在来種で、別姓の一族が外来種で、両種の間に共生関係が成り立っている、これが屬女の王国の国家体制のようです。別姓の監統王の一族は、屬女の女王を担ぎ上げて、上手くやっているようです。

投馬國は、和名類聚抄では日向國兒湯郡です。兒湯は［こ甲た］です。［こ甲た］の真名は何か。これはおそらく皇帝ではないかと思われます。皇の字は漢音が［コウ］、帝の字は呉音が［タイ］、初頭音節を取れば、皇帝が［コタ］であっても可笑しくはない。意味の上では、卑彌呼が亡くなり壹與が即位して、支配地域が北九州から大きく広がって南九州に及んでいる、そうすると大王の呼称もそれなりにバージョンアップされた筈です。大王の最上位の呼称は皇帝です。この推定が正しいか如何かは、さらに倭語の解読を進めて行けば分かって来る筈です。

◇難升米

難升米は卑彌呼女王の使者として、帯方郡に遣ってきて、魏の天子への朝獻を求めた、最初の人物です。原文を抜粋しておきます。『景初二年六月。倭女王遣大夫難升米等詣郡、求詣天子朝獻。』景初二年は西暦２３８年です。この時も使者は大夫です。この大夫の難升米とは何者でしょう。難の字の倭訓は［かたい］です。なので、難の字は倭仮名の［か］です。升の字は、既に出てきています。倭仮名の［ま］で、倭仮名の奴の字と同等です。米の字は倭訓が［こめ］なので、倭仮名は［こ］です。すると難升米は［かまこ］であることが分かります。声音［か］の倭真名は何でしょう。これも既に出てきています。伊都國の監統で、［かす］です。［かす］の初頭音節を取って［か］と省略しているのです。［こ］は何か、これはおそらく皇の字だろうと思われます。そうすると難升米の［かまこ］は監統奴皇あるいは監奴皇であって、奴の監統王、伊都國王の意味です。解読結果を表－24にまとめておきます。

この［かまこ］は、よほど由緒あるものらしくて、後の世にも出てきます。日本書紀の欽明天皇記の中に、『中臣連鎌子』が登場します。仏教伝来に強く反対した人物であるようです。『天國排開廣庭天皇』の『十三年』と年号の記載があるので、西暦５５１年のことです。魏志倭人伝の難升米の登場から、３１３年もの時間が経過しています。

表-24　難升米

音、訓、万葉仮名	倭真名	声音	倭仮名	音、訓、万葉仮名
かす（忘訓）	監統宰	カ	難	ナン（呉）、ダン（漢）、**か**たい、むつかしい
ヌ（呉）、ド（漢）、め、やつ、やっこ、**ま**ずめ、な（仮）	(奴)	マ	升	ショウ（呉）（漢）、**ま**す
オウ（呉）、**コ**ウ（漢）、おお、み、かみ、きみ、すめらぎ	皇	コ	米	マイ（呉）、ベイ（漢）、**こ**め、よね、め乙（仮）

注）倭真名欄の（　）書きは、仮名。

皇極《コウギョク》天皇の三年（６４４年）には『中臣鎌子連』が登場します。この人物は６４５年に、中大兄皇子（後の天智《テンチ》天皇）、石川麻呂らと協力して、飛鳥板蓋宮で、当時政権を握っていた蘇我入鹿を暗殺し、さらに入鹿の父の蘇我蝦夷を自殺に追いやったことになっています。この中臣鎌子は、後に藤原鎌足と改名し、その子孫は朝廷で権力を振るいます。

監奴皇の［かまこ］と言う名前は、時間を超え、地域を越えて、延々と引き継がれて来たのです。

監統王の国には伊都國と伊邪國が有ったのですが、また増えそうです。その他の旁國の二十一カ国の中から［かま］と読める国名を探します。すると華奴蘇奴國と烏奴國がヒットしてきます。華奴蘇奴は、奴の字が二つも入った可笑しな命名です。烏奴國の烏の字は倭訓が［からす］なので倭音は［カ］でしょう。華奴蘇奴國も烏奴國も、監統王の国のようです。監統王は北九州で世代を重ねていたようです。

一方で、和名類聚抄の中から［かま］と読める郡名を探してみます。そうすると筑前國嘉麻郡がヒットしてきます。これには『加萬』の注釈がついていて［かま］であることは明らかです。この筑前國嘉麻郡にあたる位置には、今も福岡県嘉麻市が在ります。

同じ景初二年の十二月付けの魏帝の詔《みことのり》を、陳寿はそのまま収載しています。

『詔書報倭女王、曰「制詔親魏倭王卑彌呼。帶方太守劉夏遣使送汝大夫難升米、次使都市牛利、奉汝所獻男生口四人、女生口六人、班布二匹二丈、以到。汝所在踰遠、乃遣使貢獻。是汝之忠孝、我甚哀汝。今以汝爲親魏倭王、假金印紫綬。裝封、付帶方太守、假授汝。其綏撫種人、勉爲孝順。汝來使難升米、牛利、渉遠道路勤勞。今以難升米爲率善中郎將、牛利爲率善校尉、假銀印青綬。引見勞賜、遣還。今以絳地交龍錦五匹、絳地縐粟罽十張、蒨絳五十匹、紺青五十匹、答汝所獻貢直。又特賜汝、紺地句文錦三匹、細班華罽五張、白絹五十匹、金八兩、五尺刀二口、銅鏡百枚、真珠、鉛丹各五十斤。皆裝封、付難升米牛利還。到錄受、悉可以示汝國中人、使知國家哀汝。故鄭重賜汝好物也。」』

「卑彌呼を親魏倭王として金印紫綬を与えるので、倭人たちに宜しく、これからも忠義に励め。金印紫綬は、帯方太守に預けて、送り届けさせる。苦労をかけた難升米には率善中郎将の位を与え、都市牛利には率善校尉の位を与え、共に銀印青綬を与えて、苦労をねぎらって、送り返す。」それから沢山のプレゼントの品《しな》が列挙されていて、「それらをみな装封して、難升米と都市牛利に付けて、帰国させる。目録を受け取って倭國中の人々に示し、魏の国家が倭人を愛していることを知らしめよ。そのために、倭人の好物の沢山の高級品を与えるものである。」

難升米は、率善中郎將の官位と銀印青綬をもらったようです。この率善中郎将と言う官位が何なのかは、私にはよく分かりませんが、魏志倭人伝の前に書かれている馬韓伝の中では、『辰王、治月支國。臣智或加、優呼臣雲遣支報安邪踧支濆臣離兒不例拘邪秦支廉之號。其官有、魏率善、邑君、歸義侯、中郎將、都尉、伯長。』と書かれていて、魏率善や中郎將の官位が出てくるので、珍しいものではなさそうです。また、『景初中、明帝密遣帯方太守劉昕樂浪太守鮮于嗣、越海、定二郡。諸韓國臣智、加賜邑君印綬。其次、與邑長。其俗好衣幘。下戸詣郡朝謁、皆假衣幘。自服印綬衣幘、千有餘人。』とも書いています。景初中という年代ですが、魏の将軍の司馬懿が、魏に従わない公孫淵を破ったのは景初二年で、それまでは帯方郡と楽浪郡は公孫氏のものだったと思っていたのですが、それ以前に魏の明帝は秘密裡に帯方太守と楽浪太守を派遣していたようです。景初中と書いていますが、これは景初元年です。そのころおそらく馬韓人を手懐《てなず》ける必要が有ったのでしょう、印綬や衣幘の大安売りがあったようです。難升米が貰った、率善中郎将の官位と銀印青綬と言うのも、大安売りの一環でしょう。

景初元年の帯方太守は劉昕で、景初二年は劉夏です。さらに二年後の正始元年、西暦２４０年の帯方太守は弓遵で、帯方太守が目まぐるしく交代します。弓遵が派遣した、建中校尉の梯儁が、明帝の約束した沢山のプレゼントを携えて倭國にやってきます。『正始元年。太守弓遵遣建中校尉梯儁等、奉詔書印綬詣倭國。拜假倭王、幷齎詔。賜金、帛、錦罽、刀、鏡、采物。』これに対し『倭王、因使上表答謝恩詔。』とあります。おそらく、倭真名で書かれた漢文で上表文を書いたのでしょう。

この帯方太守の弓遵も戦死します。魏志韓伝の中では『部従事吳林、以樂浪本統韓國、分割辰韓八國、以與樂浪。吏譯轉有異同、臣智激韓忿、攻帶方郡崎離營。』と書いています。『時、太守弓遵樂浪太守劉茂、興兵伐之。遵戰死、二郡遂滅韓。』不公平が有り、馬韓の臣智たちが怒って崎離營キャンプに攻め込んだ。これに対し帯方太守の弓遵と樂浪太守の劉茂が討伐に当たったけれど、弓遵は戦死。それでも二郡は力をあわせ韓を滅ぼすことができたようです。

『其六年、詔賜倭難升米黄幢、付郡假授。』正始六年は西暦２４５年です。難升米に魏の正規軍の軍旗を授ける詔が下ります。帯方の郡経営は火の車で、倭國まで動員しようとしたらしいのです。

こうして見ると、倭國の対魏外交の前期の主役は、常に難升米です。魏志倭人伝の元資料となった、倭国ガイドブックを書いたのは、おそらく難升米でしょう。

また卑彌呼女王のことを『事鬼道、能惑衆。年已長大、無夫壻、有男弟佐治國。』と書いていますが、ここでいう『男弟』とは、難升米のことのようです。

◇持衰

次は倭国の風土風俗話の持衰です。持衰の持の字は［もつ］、衰の字は［おとろえる］ですから、持衰の倭音の候補に［モオ］があることは、一見して分かります。また、その説明文が、分かりやすく見え透いた内容になっています。まず、其死で始まる、喪［も］に関する記事がありますす。『其死、有棺無槨、封土作冢。始死、停喪十餘日。當時不食肉、喪主哭泣、他人就歌舞飲酒。已葬、擧家詣水中澡浴、以如練沐。』その次に、喪人のような振る舞いをする持衰について書かれています。『其行來渡海詣中國、恆使一人不梳頭、不去蟣蝨、衣服垢汚、不食肉、不近婦人。如喪人、名之爲持衰。若行者吉善、共顧其生口財物。若有疾病遭暴害、便欲殺之。謂、其持衰不謹。』其死で始まる、喪に関する記事があり、その次に喪人のような振る舞いをする人が持衰だと書いているのだから、持衰は「喪《も》を負《お》う人」としか考えられません。持衰は［モオ］で、倭真名では喪負です。解読結果を表－25にまとめておきます。

ただこの解読、すこし引っ掛かります。「喪を負う」と言うのを、漢語ならば「負喪」と書くのではないかと思うのですが、ひょっとして喪負は倭語順ではないでしょうか。そうだとすると、持衰の喪負は、負喪と倒置して読まれて［オモ］であった可能性もあります。

表-25　持衰

音、訓、万葉仮名	倭真名	声音	倭仮名	音、訓、万葉仮名
ソウ（呉）（漢）、**も**、うしなう、**も**（仮）	喪	モ	持	ジ（呉）、チ（漢）、**も**つ
ブ（呉）、フウ（漢）、**お**う、ふ（仮）	負	オ	衰	シ、スイ、セ（呉）、サイ、シ、スイ（漢）、**お**とろえる

注）和語順表記。

◇卑狗

卑狗は官名で、對馬國と一大國の長官の名前です。また狗奴國でも、狗古智卑狗が出てきます。この卑狗は［ひこ］であって「日子」とか「彦」のことである、と言うのが定説のようになっています。ところが狗の字は既読で、倭仮名の声音は［くみする］の［ク］、倭真名は與の字であることが確定しています。

卑の字はというと、［ヒ］の可能性は確かにあります。しかし奴の字や貧の字とは、あまり字義が違わない文字です。女王国全体の国名が、奴國あるいは奴邦である、という状況の元では、卑の字は同義遷訓で［マ］だろうと思います。卑狗は［マク］で奴與です。

そうすると狗奴國の狗奴とは、語順がひっくり返っているだけで、意味は「奴に組する」で、同じです。おそらく與奴が漢語順、奴與が倭語順でしょう。

倭語の漢語順法則はこの時点で破綻《ハタン》です。漢語順も倭語順も何方《どちら》もあると考えるのが正解のようです。ただし、この漢語順法則は、

表-26　卑狗

音、訓、万葉仮名	倭真名	声音	倭仮名	音、訓、万葉仮名
くま（與奴）	（奴）	マ	卑	ヒ（呉）（漢）、いやしい、ひくい、ひ甲（仮）、**まず**しい（奴、貧の同義遷訓）
	與	ク	狗	**ク**（呉）、コウ（漢）、いぬ

注）和語順表記。倭真名欄の（ ）書きは、仮名。

「返り読み」というような、後の時代の訓読法に相当する技法が、魏志倭人伝の3世紀には存在したことを教えてくれたので、この功績だけは認めるべきだろうと思います。ご苦労さん。

◇卑奴母離

卑奴母離も官名で、對馬國、一大國、奴國、不彌國の副官です。この卑奴母離は「ヒナモリ」であって「鄙守」「国境を守備する軍事的長の名称」と言うのが定説のようになっています。

ところが卑の字も奴の字も倭音が「マ」と決まってしまうと、卑奴母離を「ひなもり」と読むことは出来ません。「ままもり」なら可能です。「奴守

表-27　卑奴母離

<table>
<tr><th>音、訓、万葉仮名</th><th>倭真名</th><th>声音</th><th>倭仮名</th><th>音、訓、万葉仮名</th></tr>
<tr><td rowspan="4">ままもり（奴守り）</td><td>(奴)</td><td>マ</td><td>卑</td><td>ヒ（呉）（漢）、いやしい、ひくい、ひ甲（仮）、まずしい（奴、貧の同義遷訓）</td></tr>
<tr><td rowspan="3">守</td><td>マ</td><td>奴</td><td>ヌ（呉）、ド（漢）、め、やつ、やっこ、まずめ、ど甲（仮）、な（仮）、ぬ（仮）、の甲（仮）</td></tr>
<tr><td>モ</td><td>母</td><td>ム、モ（呉）、ボウ（漢）、はは、ばば、うば、めのと、もと、も（仮）</td></tr>
<tr><td>リ</td><td>離</td><td>リ（呉）（漢）、はなす、はなれる、わかれる、かかる、かる、とりつかれる、ひっかかる、つく、つらなる、ならぶ、り（仮）</td></tr>
</table>

注）倭真名欄の（ ）書きは、仮名。

り」なのでしょう（表－27）。

ただし、奴母離が、本当に「守《まも》り」かどうか、漢文の中に意味対応するような記述が無いので、確かではありません。

母の字の倭訓は［はは］、離の字の倭訓は［はなす］ですから、両方の初頭音節を取れば、母離は［ハハ］かも知れません。そうすると、卑奴母離は［ママハハ］の可能性もあります。［ママハハ］は、継母《ままはは》かも知れません。しかしこれだって、漢文の中に意味対応するような記述が無いので、確かではありません。チョットいい加減ですが、ここは、「奴守り」と言うことにしておきます。

◇卑彌呼

いよいよ女王の卑彌呼の番です。まず卑彌呼のプロフィールを考えてみます。卑彌呼は奴國の大王です。また、後継の壹與と同様に宗女で、嚴邦で、宗廟の女王でもあります。

卑の字は、奴の字や貧の字の同義選訓で［マ］で奴國のこと言っていると思われます。

彌の字は既に倭音の［ミ］であることが分かっています。宗廟の廟の字の呉音［ミョウ］と倭訓［みたまや］の初頭音節であると思えます。

呼の字は、呉音が［ク］、漢音が［コ］、倭訓は［よぶ］であって、倭音の候補は［ク］［コ］［ヨ］です。卑彌呼が大王であることを考えると、神の字の倭訓の［こう］、皇の字の漢音の［コウ］の初頭音節の［コ］であろうと考えられます。代表して皇の字を充てておきます。

卑彌呼は［マミコ］で奴廟皇でしょう。結果を表ー28に挙げておきます。

倭人伝では卑彌呼について『事鬼道、能惑衆。年已長大、無夫壻、有男弟佐治國。』と書いています。だから卑彌呼は巫女でシャーマンかと言うと、そうでもないようです。漢書の地理志では、齊の地のところで、「家の長女は嫁することがない。その名を巫兒と言い、家の為に祠を主にする。」と書いています。祭祀の制度自体は中国製ですが、これを大王にするのは監統王のオリジナ

表-28　卑彌呼

音、訓、万葉仮名	倭真名	声音	倭仮名	音、訓、万葉仮名
ヌ（呉）、ド（漢）、め、やつ、やっこ、**ま**ずめ、な（仮）	(奴)	マ	卑	ヒ（呉）（漢）、いやしい、ひくい、ひ甲（仮）、**ま**ずしい（奴、貧の同義遷訓）
ミョウ（呉）、ビョウ（漢）、**み**たまや	廟	ミ	彌	**ミ**（呉）、ビ（漢）、や、あまねし、いや、いよいよ、つくろう、ひさしい、わたる、**み**甲（仮）、び甲（仮）
オウ（呉）、**コ**ウ（漢）、おお、み、かみ、きみ、すめらぎ	皇	コ	呼	ク（呉）、**コ**（漢）、よぶ、おと、**こ**え、を（仮）

注）倭真名欄の（ ）書きは、仮名。

ルのようです。卑彌呼の彌呼は、巫の字ではありません。彌呼を巫の字と取ると、次に出てくる狗奴國の卑彌弓呼が読めなくなります。やはり、一字一音の倭仮名表記と捉えるのが正解でしょう。

◇卑彌弓呼

卑彌弓呼は屬女ではありませんが、狗奴國の男王で奴の仲間です。

卑彌呼は奴廟皇ですが、卑彌弓呼では弓の字が余計に入っています。倭仮名の弓の字の倭真名が何であるのかが問題です。弓の字の呉音は［ク］、倭訓は［ゆみ］です。そうすると倭音の候補は［ク］か［ユ］です。

これに見合わせる意味は、卑彌弓呼は卑彌呼と敵対関係にあり、武力抗争になっていることです。ですから、弓の字は、倭訓が「くつがえす」の建の字か、武の字か、逆の字か、覆の字とすると意味が合います。女王の卑彌呼が［マミコ］であるなら、卑彌弓呼は［マミクコ］で奴廟武皇です。武皇は建皇や逆皇でも構いません。

別の考え方も出来るかもしれません。卑彌弓呼は、狗奴國の男王で、狗奴は與奴［クマ］で奴の仲間です。卑彌弓呼の弓の字も［ク］なのですから、卑彌弓呼［マミクコ］は奴廟與皇で、「奴の宗廟に組する王」なのかも知れません。奴廟武皇か奴廟與皇かは、決めかねるところがあります。ここは、何方でも良いとは言えませんが、結果表は奴廟武皇で作って表－29にしておきます。

屬女と奴國の関係は、何なのでしょう。おそらく奴國の中に複数の氏姓があり、その中の母系の宗族を伝える氏姓が屬女なのでしょう。男系氏族は卑彌弓呼の狗奴と、もう一つは、外来種の難升米の伊都があります。

奴國では、屬女から宗廟の女王が立ち、別姓の種族から監統王と武王が立って、三種の間に共生関係が成り立っていたのでしょう。ところが、宗廟の女王が亡くなると、共生関係は崩れて内乱となり、また次の統一宗廟の女王が立つと、内乱は収まるのだけれど、その時に武王は統一宗廟を担

表-29　卑彌弓呼

音、訓、万葉仮名	倭真名	声音	倭仮名	音、訓、万葉仮名
ヌ（呉）、ド（漢）、め、やつ、やっこ、**ま**ずめ、な（仮）	（奴）	マ	卑	ヒ（呉）（漢）、いやしい、ひくい、ひ甲（仮）、**ま**ずしい（奴、貧の同義遷訓）
ミョウ（呉）、ビョウ（漢）、**み**たまや	廟	ミ	彌	**ミ**（呉）、ビ（漢）、や、あまねし、いや、いよいよ、つくろう、ひさしい、わたる、**み**甲（仮）、び甲（仮）
ム（呉）、ブ（漢）、たけ、**く**つがえす	武	ク	弓	**ク**（呉）、キュウ（漢）、ゆみ、ゆ（仮）
オウ（呉）、**コ**ウ（漢）、おお、み、かみ、きみ、すめらぎ	皇	コ	呼	ク（呉）、**コ**（漢）、よぶ、おと、**こ**え、を（仮）

注）倭真名欄の（ ）書きは、仮名。

がず、独立したのでしょう。魏志倭人伝では『倭女王卑彌呼與狗奴國男王卑彌弓呼、素不和。』と書いていますが、素より不和なのは、監統王と武王の方ではないかと思います。

◇伊聲耆掖邪拘

伊聲耆掖邪拘は、あまり注目されていませんが、不自然な現れ方をする人物です。まず外交記録を年代順に挙げておきます。


（西暦238年6月の記事）

『景初二年六月。倭女王遣大夫難升米等詣郡、求詣天子朝獻。太守劉夏遣吏、將送詣京都。』

（西暦238年12月の記事）

『其年十二月詔書報倭女王、曰「制詔親魏倭王卑彌呼。帶方太守劉夏遣使送汝大夫難升米、次使都市牛利、奉汝所獻男生口四人、女生口六人、班布二匹二丈、以到。汝所在踰遠、乃遣使貢獻。是汝之忠孝、我甚哀汝。今以汝爲親魏倭王、假金印紫綬。裝封、付帶方太守、假授汝。其綏撫種人、勉爲孝順。汝來使難升米、牛利、渉遠道路勤勞。今以難升米爲率善中郎將、牛利爲率善校尉、假銀印青綬。引見勞賜、遣還。今以絳地交龍錦五匹、絳地縐粟罽十張、蒨絳五十匹、紺青五十匹、答汝所獻貢直。又特賜汝、紺地句文錦三匹、細班華罽五張、白絹五十匹、金八兩、五尺刀二口、銅鏡百枚、真珠、鉛丹各五十斤。皆装封、付難升米牛利還。到錄受、悉可以示汝國中人、使知國家哀汝。故鄭重賜汝好物也。」』

(西暦240年の記事)

『正始元年。太守弓遵遣建中校尉梯儁等、奉詔書印綬詣倭國。拝假倭王、幷齎詔。賜金、帛、錦罽、刀、鏡、采物。倭王、因使上表答謝恩詔。』

(西暦243年の記事)

『其四年倭王復遣使大夫伊聲耆、掖邪狗等八人、上獻生口、倭錦、絳青縑、緜衣、帛布、丹木、狦、短弓矢。掖邪狗等、壹拝率善中郎將印綬。』

(西暦245年の記事)

『其六年、詔賜倭難升米黄幢、付郡假授。』

(西暦247年の記事)

『其八年太守王頎、到官。倭女王卑彌呼與狗奴國男王卑彌弓呼、素不和。遣倭載斯烏越等、詣郡、説相攻擊狀。遣塞曹掾史張政等、因齎詔書、黄幢。拝假難升米、爲檄告喩之。』

(事情説明)

『卑彌呼以死、大作冢、徑百餘歩。狥葬者奴婢百餘人。更立男王、國中不服。更相誅殺、當時殺千餘人。復立卑彌呼宗女壹與、年十三爲王、國中遂定。政等、以檄告喩壹與。』

（最終記事）

『壹與、遣倭大夫率善中郎將掖邪狗等二十人、送政等還、因詣臺。獻上男女生口三十人、貢白珠五千、孔青大句珠二枚、異文雜錦二十匹。』

普通、「事情説明」のところを、直ぐ前の「西暦２４７年の記事」の載斯烏越が伝えた争乱から、「最終記事」の使者の張政が帰還した事の間の出来事と取るようで、卑彌呼女王が亡くなったのはこの間と考えるようです。そうすると、「西暦２４７年の記事」の載斯烏越が帯方郡に伝えた紛争は、「事情説明」が言っている、卑彌呼女王が亡くなった後、男王が立ってさらに国中が不服であったために起きた紛争とは別物と言うことになります。そんなに何度も紛争が起きたとは思えません。

それから、伊聲耆掖邪拘は、「最終記事」では、壹與女王の使者として、魏の使者の張政を送り返して、さらに魏帝の宮殿に詣でた人です。この人は壹與政権の監統王の地位にあります。ところが伊聲耆掖邪拘は「西暦２４３年の記事」でも大使を務めています。「西暦２４０年の記事」で魏の使者の梯儁が、詔書や印綬や沢山のプレゼントを卑彌呼女王に届けてから、わずか３年後です。

そうすると「西暦２４３年の記事」で伊聲耆掖邪拘が朝貢した時には、すでに卑彌呼女王は亡くなり、壹與女王が即位して、争乱も収まっていた、と考えると一応の辻褄は合います。一回目の伊聲耆掖邪拘の派遣は、女王交代の報告であったと考えればよいのです。ところがそう考えると、次の「西暦２４５年の記事」が意味不明になります。

「西暦２４５年の記事」では魏帝は難升米に正規軍の軍旗を下す決定をしています。卑彌呼女王は亡くなり、壹與女王が即位していたならば、伊聲耆掖邪拘に軍旗を授けるべきです。魏の皇帝は、まだ卑彌呼女王が生きていると思っていたから、宰補役で監統皇の難升米に黄幢を授けることにしたのでしょう。

そうすると伊聲耆掖邪拘と言う人名が、どう言う意味の倭語であるのか、倭語解読が歴史解釈の決め手になってくれる筈です。

伊聲耆掖邪拘の伊の字は既読です。倭仮名の［カ］であり、倭真名の監の字に当たります。伊聲耆掖邪拘は何等かの大王の宰補役であるのは間違いなさそうです。

次の聲の字は、呉音が［ショウ］、漢音が［セイ］、倭訓に［こえ］［こわ］が有ります。今は宰補される大王の話なのですから、おそらく倭音は［コ］で倭真名は皇の字でしょう。

次の耆の字は、呉音、漢音ともに複数あります。倭訓は［おいる］［おさ］［たしなむ］［としより］ですが、今は宰補される大王の話なのですから、おそらく倭音は［タ］で倭真名は帝の字でしょう。

伊聲耆の三文字では、［カコタ］で、倭真名は監皇帝です。壹與女王の首都は、投馬國ですが、ここは和名類聚抄では日向國兒湯郡です。兒湯は「こ甲た」で、推定は皇帝だったのですが、伊聲耆の真名の監皇帝は、兒湯の推定地名の皇帝と一致します。伊聲耆は壹與女王の宰補者の意味であると考えてよさそうです。

そうすると伊聲耆掖邪拘の掖邪拘は何でしょう。邪の字だけは既読です。拘の字は既読ではありませんが、よく似た狗の字は既読で、「ク」で倭真名は與の字です。手偏と獣偏の違いがありますが、旁が同じなので、形声文字としては何方も「ク」でしょう。邪拘は「ヤク」で「種族に組する」の意味であると思えます。

最後になった掖の字ですが、これは種族の名称を表す言葉の筈です。この字は呉音が「ヤク」、漢音が「エキ」、倭訓は「たすける」「わき」です。「ヤ」か、「エ」か、「タ」か、「ワ」で表される種族の名称は何か、と言う設問です。その一つの候補は、これまでに解読された倭真名の中では、帝の字の「タ」です。狗奴國の和名類聚抄の名前が肥後國託麻郡で、託麻「たくま」は推定では、帝與奴「タクマ」です。狗奴國の男王の卑彌弓呼の種族が帝族という解釈です。これであれば、掖邪拘は帝屬與「タヤク」と言うことになります。

もう一つの可能性もあります。掖の字を「ワ」と読んで、倭の字の倭仮名表記と考えるものです。これであれば、掖邪拘は倭屬與「ワヤク」と言うことになります。意味は、「倭屬に組する」でしょう。

何方が正解であるかは、ここでは決めかねます。しかし、この後を続けて読んでいただければ、倭屬與「ワヤク」の方に分があると分かります。

解読表を表I30にしておきます。

伊聲者掖邪狗は倭屬の仲間で皇帝の宰補者です。やはりスッキリしませんが、こんなふうに考えてはどうでしょう。

「西暦２４０年の記事」で魏の使者の梯儁が、魏帝の詔書や印綬や沢山のプレゼントを卑彌呼女王に届けています。この甲斐あって、狗奴國の卑彌弓呼が和解して、卑彌呼女王の傘下に入りました。「西暦２４３年の記事」の伊聲者掖邪狗は、その報告として、新たに卑彌呼女王の傘下に入った国の首長7名を引き連れて魏に朝貢しました。伊都國の難升米と同じ監統皇ランクの率善中郎將の官位と印綬とを8名共が貰いました。卑彌呼女王は、合計で9名の監統皇を従える、倭人連邦の大王《ダイオウ》（皇帝）になったと思われます。

この9名の監統皇と言うのが、九州の中に押し込めるには、多すぎる数だと思います。侏儒國、裸國、黒歯國も含めて、列島全体の倭人を巻き込んだ大連合であったのではないでしょうか。

また、9名の監統皇が卑彌呼女王の宗廟の下に結集すると言うことは、9名の監統皇の国の夫々の王統が、元を辿れば共通の祖先に行き当たるのでしょう。それでなければ、宗廟が一つ

表-30　伊聲者掖邪拘

音、訓、万葉仮名	倭真名	声音	倭仮名	音、訓、万葉仮名
ケン（呉）、**カ**ン（漢）、**か**んがみる、みる、み甲（仮）	監	カ	伊	イ（呉）（漢）、**か**れ、これ、ただ、い（仮）
オウ（呉）、**コ**ウ（漢）、おお、み、かみ、きみ、すめらぎ	皇	コ	聲	ショウ（呉）、セイ（漢）、**こ**え、こわ
タイ（呉）、テイ（漢）、みかど、て甲（仮）	帝	タ	者	ギ、シ、ジ（呉）、キ、シ（漢）、おいる、おさ、**た**しなむ、としより
ヰ、**ワ**（呉）（漢）、したがう、やす、やまと、まさ、**わ**（仮）	倭	ワ	掖	ヤク（呉）、エキ（漢）、たすける、**わ**き
ショク、ゾク（呉）、ショク（漢）、さかん、つながる、**や**から	屬	ヤ	邪	ジャ、**ヤ**（呉）、シャ、**ヤ**（漢）、よこしま、**や**、か、**や**ましい、ざ（仮）
ヨ（呉）（漢）、あたえる、**く**みする、**く**れる、よ乙（仮）	與	ク	拘	**ク**（呉）、コウ（漢）、かかわる、こだわる、とどめる、とらえる

に纏《まと》まるのは不可能に思われます。共通の祖先と言うのは如何いう人物か、興味あるところです。

こう言う話なら、「西暦２４５年の記事」で難升米に軍旗を与える決裁をしても可笑しくは有りません。実際の軍旗黄幢は「西暦２４７年の記事」の魏の使者、張政が持ってくるのですが、その前に倭人の載斯烏越が争乱を伝えています。おそらく卑彌呼女王が亡くなり、狗奴國の卑彌弓呼と、伊都國の難升米が争ったのでしょう。ですから、卑彌呼女王が亡くなったのは、「西暦２４７年の記事」の前年の西暦２４６年でしょう。

そうすると「事情説明」は、「西暦２４５年の記事」以降の経緯の要約であると思われます。卑彌呼女王の死後、狗奴國の卑彌弓呼が即位したが、屬女たちと伊都國の難升米の反対に遭って争乱となった。この争乱を収拾するために卑彌弓呼が王位を降りて、屬女の中から壹與を立てて女王とした。自らは壹與女王の宰補者となった。このように倭国の体制が変わったので、魏の使者の張政は、壹與女王に檄をもって告喩した。

こう言う話なら、外交記事の全ての辻褄が合うでしょう。おそらく、伊聲耆掖邪狗は狗奴國の男王の卑彌弓呼、本人でしょう。

◇載斯烏越

載斯烏越は先述の「西暦247年の記事」で倭国の争乱を魏に伝えた人物です。『遣倭載斯、烏越等詣郡説相攻撃狀。』と書かれていて、「倭王が派遣した」とは書かれていません。「西暦238年6月の記事」では『倭女王遣大夫難升米等詣郡』で「倭女王が派遣した」ことになっています。「西暦243年の記事」では『倭王復遣使大夫伊聲耆、掖邪狗等八人』で「倭王が派遣した」ことになっています。「西暦247年の記事」の時、卑彌呼女王は亡くなり、倭王は空位で、女王取り巻きの屬女たちか、伊都國の難升米が派遣した使者が載斯烏越であったと思われます。

載斯烏越の載の字は、倭訓に［のる］［のせる］が有るので、おそらく倭音は［の］です。斯の字は呉音の［シ］を持ってきて、載斯の二文字で［のし］と言っているのでしょう。でも［のし］とは何ですか。おそらく［のし］は熨《のし》や熨斗《のし》なのか、あるいは「宣《の》し」だと思われます。熨の字なら、お祝い事に使う縁起物のことです。宣の字なら卑彌呼女王の言葉を伝える『唯有男子一人給飲食、傳辭出入』と述べられた傳辭の役割を担った高官です。どちらであるかは、よく分かりませんが、「宣《の》し」の方がスッキリします。

載斯烏越の烏の字は［からす］の［か］、越の字は［こす］の［こ］で、烏越の二文字では［かこ］です。［かこ］の倭真名は、ここまでの倭語遣いの状況から見て、おそらく監皇の二文字でしょう。解読表を表-31にしておきます。

魏志倭人伝の倭真名の監［カ］の使われ方を、振り返って見ると、補佐役、宰補役は何でも監の字を付けて呼ぶようです。

また、卑彌呼女王が亡くなったのは、西暦246年のようです。

ここまで解読を進めると、魏志倭人伝と言うのは、九州だけの奴國連合体から、倭人全体の連合体に変化していく、歴史上の重要な一局面を記述したもののようです。

倭人の風土風俗の中で『其人壽考、或百年、或八九十年。』と、古代人にはあり得ないと思える長寿であると考察しています。これは、たまたま卑彌呼女王が非常な長寿であっただけで、卑彌呼女王の亡くなった年齢を書いたものと思われます。しかし、

表-31　載斯烏越

音、訓、万葉仮名	倭真名	声音	倭仮名	音、訓、万葉仮名
セン（呉）（漢）、のたまう、のたまわく、のぶ、のぼる、のり、**のす**、ひさ、よし、とおる	宣	ノ	載	サイ（呉）（漢）、**の**る、**の**せる、しるす、とし
		シ	斯	**シ**（呉）（漢）、かく、か、この、こう、**し**甲（仮）
ケン（呉）、**カ**ン（漢）、**か**んがみる、みる、み甲（仮）	監	カ	烏	ウ（呉）、オ（漢）、**か**らす、いずくんぞ、なんぞ、う（仮）
オウ（呉）、**コ**ウ（漢）、おお、み、かみ、きみ、すめらぎ	皇	コ	越	オチ、エチ（呉）、エツ（漢）、**こ**す、**こ**える、**こ**し、お（仮）

どう計算して、こんな面倒な考察を残したのか気になるところです。

卑彌呼の即位については、次のように書かれています。『其國本亦以男子爲王。住七八十年、倭國亂、相攻伐歴年。乃共立一女子爲王、名曰卑彌呼。』「70年から80年前には男性を王としていた。そのとき、倭國は乱れて、何年にもわたって、互いに攻伐し合った。この為、一人の女性を共立して王とした。その名を卑彌呼と言う。」このように言うからには、元資料の倭国ガイドブックが出来た時期には、卑彌呼女王の即位の後、70年から80年が経過していた筈です。また後継の壹與女王のところで述べたように、卑彌呼女王もまた、宗女で、壹與で、即位の時には年十三であったのです。そうすると、元資料の倭国ガイドブックが出来た時には、卑彌呼女王は、13歳をプラスして、83歳から93歳であった筈です。

もし最初の外交記録の西暦２３８年に、元資料の倭国ガイドブックが魏に手渡されたのであるなら、没年が西暦２４６年ですから、陳寿は卑彌呼女王の没年齢を91歳から１０１歳と踏む筈です。これは『其人壽考、或百年、或八九十年。』の上限値と中央値にほぼ一致するもので、納得のいくものです。しかし、それなら「其人壽考、或百年、或九十年。」と書けば良いのではないでしょうか。下限値の80歳は何処から出てきたのか、少し疑問の残る所でもあります。

◇彌奴、不彌、不呼

読むだけで良いなら、読める名前は他にも沢山あります。彌奴國は、彌の字が［み］で奴の字は［ま］で、合わせて［みま］です。奴の宗廟なのでしょう。

不彌國は、元から［みず］であったのですが、おそらく廟津で、現代仮名遣いからすると［みづ］が正解だったようです。宗廟のある邪馬壹國の筑後川沿いの港の在った所なのですから。

そうすると不呼國は、［こづ］で、おそらく皇津です。何処のことを言っているのかは、分かりません。

投馬國の長官の彌彌は［ミミ］でしょうが、意味がハッキリしません。おそらく、彌［ミ］の声音で表される姓字の廟［みたまや］であったのか、霊廟を［ミミ］と読んだのか、その辺りでしょう。

邪馬壹國の次官の彌馬升は［ミメ甲マ］で、廟女奴かも知れません。

表-32　彌奴國

音、訓、万葉仮名	倭真名	声音	倭仮名	音、訓、万葉仮名
ミョウ（呉）、ビョウ（漢）、**み**たまや	廟	ミ	彌	**ミ**（呉）、ビ（漢）、や、あまねし、いや、いよいよ、つくろう、ひさしい、わたる、**み**甲（仮）、び甲（仮）
ヌ（呉）、ド（漢）、め、やつ、やっこ、**ま**ずめ、な（仮）	（奴）	マ	奴	ヌ（呉）、ド（漢）、め、やつ、やっこ、**ま**ずめ、ど甲（仮）、な（仮）、ぬ（仮）、の甲（仮）

注）倭真名欄の（　）書きは、仮名。

表-33　不彌國

音、訓、万葉仮名	倭真名	声音	倭仮名	音、訓、万葉仮名
シン（呉）（漢）、つ、ち、と、**ず**	津	ズ	不	フ（呉）、フウ（漢）、**ず**、いな、ざれば、ふ（仮）
ミョウ（呉）、ビョウ（漢）、**み**たまや	廟	ミ	彌	**ミ**（呉）、ビ（漢）、や、あまねし、いや、いよいよ、つくろう、ひさしい、わたる、**み**甲（仮）、び甲（仮）

注）倒置読み。

表-34　不呼國

音、訓、万葉仮名	倭真名	声音	倭仮名	音、訓、万葉仮名
シン（呉）（漢）、つ、ち、と、**ず**	津	ズ	不	フ（呉）、フウ（漢）、**ず**、いな、ざれば、ふ（仮）
オウ（呉）、**コ**ウ（漢）、おお、み、かみ、きみ、すめらぎ	皇	コ	呼	ク（呉）、**コ**（漢）、よぶ、おと、**こ**え、を（仮）

◇魏志倭人伝の感想

倭真名変換のチャレンジは成功です。魏志倭人伝には、35の国名、7の人名、14の官名、1の一般名詞の計57単語が出て来ます。国名や人名の倭語の名前は、統治や宗族や祭祀の役割を表したもので、とても固有名詞と呼べるようなものではありません。

結果的に、国名の14／35、人名の6／7、官名の2／14、一般名詞の1／1、合計では23／57で、半数には届きません。解読できなかった名前は、魏志倭人伝のなかで説明が全く無く、意味推定が出来ないので、分かりませんでした。

解読の結果、声音の決まった仮名漢字を表Ⅰ-35に挙げておきます。

解読した倭仮名は34文字で、23単語も解読した割には少ないものでした。これは複数の単語で重複した倭仮名が使われていた為で、それだけ既読文字が多くなるので、解読が楽であったとは言えます。

初期の予想通り、万葉仮名と同音の倭仮名は4と、僅かしかありません。万葉集や古事記や日本書紀で使われた万葉仮名と呼ばれる一群の仮名漢字は、おそらく万葉集や古事記や日本書紀が書かれた後世のもので、あまり古い時代には通用しないようです。万葉集や古事記や日本書紀は、さらに古い時代から有った文献記録を、後世の、その当時の新仮名遣いで書き直した

表-35　魏志倭人伝の倭仮名一覧

倭仮名	声音	借音		借訓	万葉仮名
		呉音	漢音		
壹	イツ		○		
哀	オ			○	
伊	カ			○	
難	カ			○	
烏	カ			○	
狗	ク	○			
拘	ク	○			
與	ク			○	
弓	ク	○			
黒	ク			○	
米	コ			○	
呼	コ		○	○	
聲	コ			○	
越	コ			○	
齒	シ	○	○		
斯	シ	○	○		○
都	ス			○	
耆	タ			○	
投	ト		○		
載	ノ			○	
裸	ハ			○	
不	ズ			○	
奴	マ			○	
升	マ			○	
卑	マ			○	
彌	ミ	○			○
(侏)	ミ			○	
馬	メ甲	○		○	○
持	モ			○	
母	モ	○			
邪	ヤ	○	○	○	
(儒)	ヨ			○	
離	リ	○	○		○
掖	ワ			○	

全 34	二音節　1	呉音 10	漢音　7	訓 24	万葉仮名　4
	単音節 33	音 13			

ものでしょう。たまたま当時の旧仮名遣いのまま書き写された言葉は、後の時代には誤読されるか、或いは歌謡であれば未解読歌になったと思われます。

訓仮名は24／34で、これも初期の予想通りです。倭仮名は基本的に借訓です。音仮名は13／34でマイナーです。順序としては、訓仮名が先に出来、後で音仮名に置き換わっていったと考えられます。訓仮名と音仮名の合計が合わないのは、3文字で借訓と借音が同じで、判定できないからです。

音仮名が、漢語から借用され、すでに倭語に馴染んだ漢語の初頭音節であると考えると、魏志倭人伝の3世紀の倭語の10／34から13／34が、漢語からの借用語であったということです。既に漢語の借用が在ったのは間違いなさそうです。

音仮名の内、呉音の借音は10／13、漢音の借音は7／13です。普通に言われているところでは、中国の隋唐時代、遣隋使や遣唐使が盛んであった時代（7世紀～）に輸入された字音が漢音です。呉音はその前の中国の南北朝時代（5～6世紀）の南朝から輸入された南方音であると言われています。しかし、呉音の借音は10／13、漢音の借音は7／13で何方もあって、その割合も大差ない状況です。通説は誤りで、何方も魏志倭人伝の時代（3世紀）から有ったようです。

呉音の借音と漢音の借音の字音合計が合わないのは、4文字で呉音と漢音が同音であったからです。

万葉仮名には、上代特殊仮名遣いと呼ばれる、現在は使われていない声音があったとされていて、この議論は相当に難解で、素人泣かせのようです。しかし、魏志倭人伝で使用された上代特殊仮名遣いは、馬の字の［め甲］の他に、対応する万葉仮名として、彌の字の［み甲］と、斯の字の［し甲］の三文字だけという状況です。［め甲］や［み甲］［し甲］の発音の内容を議論せず、単に声音記号として扱えば、特に解読作業に支障を来すことはありませんでした。それよりも問題が大きいのは、万葉仮名には、一つの漢字に対して、複数の声音が割り振られていることです。馬の字の［め甲］は、上代特殊仮名遣いであったから難解《ややこ》しいことになったのではなく、万葉仮名では馬の字に［め甲］と［ま］の二つの声音があったから難解《ややこ》しいことになったのです。

古事記や日本書紀や、或いは和名類聚抄なんかもありますが、これらの文献の声音は、より古い倭人たちの倭仮名遣いを、読み間違《まちが》えたり、読み替《か》えたりした部分が相当あるということです。さらに、古事記や日本書紀では、読み間違《まちが》いや読み替《か》えた単語にたいして、物語が展開されます。この辺りは、歴史を読み取るときに注意が必要です。

また、解読の結果を見ると、陳寿先生の仮名漢字の使い方は、倭人達の申請通りであって、言語としては古い倭仮名遣いを今に伝える重要な言語資料と言えます。奴、卑、狗、邪など蔑《さげす》んだような卑字《ヒジ》が多く出てきますが、これらは当時の仮名遣いであって、そこのところに腹を立て、読者の都合で読むと、歴史も言語も読み違えてしまいます。

もっと基本的な問題も有ります。日本書紀には、応神天皇の十五年に、当時半島にあった百済から王仁という博士がやってきて、論語と千字文という書物を献上した、と記されていて、これが漢字伝来の最初とされていることです。応神天皇がいつ頃の天皇なのかは、日本書紀の編年に可笑しなところが有り、ハッキリしないのですが、5世紀の初め頃のようです。すると3世紀の魏志倭人伝の中で、漢字で記された倭語の人名や国名は、誰が書いたのか、と言う議論になります。これまでは、半島経由で列島に渡って来た漢語の出来る渡来人が書いたか、あるいは、魏の使者が倭人の言葉を聞き取って漢字音に充てた音写《オンシャ》と考えられていたようです。ですから、時代が古い程、漢語の音写である音仮名が多くなると考えるのは、当然の成り行きです。そんな、先入観でものを見るから、魏志倭人伝の倭語が読めなかったのだと思われます。

倭真名は、ほとんど、漢字の文様と、倭訓の意味と、倭訓の声音の初頭音節の三者セットです。ですから、倭真名漢字は、既に倭語の文字になっています。倭仮名は、その内の意味が脱落した、漢字の文様と、倭音（多くの場合、倭訓の声音の初頭音節）の二者セットです。このように倭仮名は、音写とは違い、漢語の声音を単純に表すだけの、借り物の表音文字ではありません。既に漢字が倭語に取り込まれ、同化しているのです。このような倭語への漢字の取り込みと言うのは、漢語の出来る渡来人が遣ってきても、一朝一夕に出来ることではありません。おそらく魏志倭人伝の時代以前に、相当の長い時代を経ているものと思われます。倭真名や倭仮名を伴った倭語が何処から来たのか、興味の湧く問題です。これについては、この論の中で、私なりのアプローチを掛けてみたいと思います。

魏志韓伝の倭語

方位里程の読解では、「倭人が書いた倭人の国のガイドブックのような資料があり、元々邪馬壹國から帯方郡に向かって記述されていた資料を、陳寿が編集の過程で、帯方郡から邪馬壹國に向かう旅程に書き換えたものと考えられます。」と書きました。また「倭人独特の寸法単位、倭尺と言うようなものが在ったと考えられます。」とも書きました。この仮定に沿って、『自郡至女王國、萬二千餘里。』は帯方郡と韓國の国境から、女王國までの直線距離としたのです。こういうふうに書けば、倭人の国のガイドブックは、倭國だけではなく、韓國もカバーしていた筈です。そうすると、韓國内の名称も倭語として読めなければ、可笑《おか》しいのです。解読に継ぐ解読で少々疲れてきていますが、ここからは、気を取り直して、韓伝の中に出てくる倭語の解読に取り掛かります。

◇蘇塗

韓國内の名前として、まず蘇塗を取り上げます。韓伝では『韓、在帯方之南。東西以海爲限、南與倭接。方可四千里。有三種、一曰馬韓、二曰辰韓、三曰弁韓。辰韓者、古之辰國也。』と書かれていて、韓國には、馬韓、辰韓、弁韓の三種類の韓國があることが分かります。蘇塗は、韓伝の中の馬韓の風俗として描かれています。馬韓伝は次のように述べています。『信鬼神。國邑各立一人主祭天神、名之天君。又諸國各有別邑。名之爲蘇塗。立大木、縣鈴鼓、事鬼神。諸亡逃至其中、皆不還之、好作賊。其立蘇塗之義、有似浮屠。而所行、善惡有異。』「鬼神を信じ、国邑の夫々が、一名を立てて、天神の祭祀をさせる、この祭主を天君という。」「又諸國は夫々が別邑を有する。この名を蘇塗と言う。」で別邑の名前が蘇塗と言っています。蘇塗は［そと］で、外の字でしょうか。違うようです。

「大木を立てて、鈴や鼓の楽器を掛けて、鬼神の祭りをする。人々はダッシュして、その中心に入り、そこに留まって、賊働《ゾクばたら》きを楽しんでいる。」と言うのです。おそらく中心には、天神への膳《そな》へ物が山と積まれており、膳《そな》へ物の争奪戦をしている。なかなか楽しそうなお祭りです。「その蘇塗の儀式は浮屠に似ている。」浮屠は仏教です。楽器を鳴らしながら、お経《キョウ》を上げるみたいに、皆で祝詞の合唱をするのでしょう。「蘇塗の行動はルールが異なっている。」膳《そな》へ物の争奪戦だけではなくて、色々なバリエーションがあったようです。こういうふうに見ていくと、蘇塗の蘇の字は倭仮名の［そ］であって、倭真名の膳の字で、倭訓は［そなえる］です。

祝詞の合唱と言うのは、祀られた天神に祝詞を稱《とな》えることです。稱《とな》えるは、唱《とな》える、誦《とな》える、でも良いでしょう。稱の倭訓は［となえる］、倭音は［ト］です。そうすると蘇塗の塗の字は倭仮名の［と］で、倭真名は稱の字で、倭訓は［となえる］でしょう。蘇塗は［そと］で膳稱です。「膳《そな》へ稱《とな》える」のが蘇塗です。

倭音の法則は韓伝にも通用します。韓國内の名前も倭語として読めるのです。解読結果を表-36にまとめておきます。

古代の祭祀と言うと、生贄《いけにえ》を捧げたり、神憑《かみがか》りしたり、呪《まじな》いや祓《はら》いなどを思い浮かべ、良いイメージが無いのですが、蘇塗の祭りはそういうものではありません。権力者が沢山の供え物をして人々に分け与える場で、人々にとって供え物の争奪戦を楽しむ娯楽の場でもあり、また器楽を演奏しながら賑やかに皆で祝詞の合唱をして一体感を味わう場であったようです。

こういうお祭りなら、権力者は人気者です。武力を行使しなくても、少人数であっても統治が出来そうです。

一方、正始六年、西暦245年、辰韓の八カ国を分割し、楽浪郡に統合しようとして、不公平があり、馬韓の『臣智』たちが怒って、帯方郡の崎離營キャンプに攻め込みます。この時、帯方太守の弓遵が戦死します。人気の無い権力者は、武力で押さえつけようとしても、難

表-36　蘇塗

音、訓、万葉仮名	倭真名	声音	倭仮名	音、訓、万葉仮名
ゼン（呉)、セン(漢)、**そ**なえる	膳	ソ	蘇	ス（呉)、**ソ**（漢)、よみがえる、**そ**甲（仮)
ショウ（呉)(漢)、**と**なえる	稱	ト	塗	ズ、ド（呉)、**ト**（漢)、ぬる、どろ、まみれる、みち、**と**甲（仮)

しいようです。

◇臣智

次は臣智です。臣智は、韓伝の中では何度も出てきます。馬韓伝では、『其民土著、種植、知蠶桑、作綿布。各有長帥、大者自名爲臣智、其次爲邑借。』と書いています。馬韓人は土著でネイティブなのです。その土著の民に首長が居て、首長の上位者の自称が臣智です。

馬韓伝では、『凡五十餘國』の馬韓内の国名を列挙したあと『辰王、治月支國。臣智或加、優呼臣雲遣支報安邪踧支濆臣離兒不例拘邪秦支廉之號。』と書いています。なぜ辰韓の王を意味する辰王が、馬韓の月支國に居るのかも疑問ですが、その後で、臣智を説明して『臣智或加、優呼臣雲遣支報安邪踧支濆臣離兒不例拘邪秦支廉之號。』と書いています。何を言っているのか訳《わけ》が分かりません。ろくに句読点もありません。中文サイトが掲載している原文を見に行っても、何処の原文にも殆ど句読点がありません。昔から誰もこれが読めなかったらしいのです。

馬韓の歴史を述べた、『景初中、明帝密遣帶方太守劉昕樂浪太守鮮于嗣、越海、定二郡。諸韓國臣智、加賜邑君印綬。』にも臣智が出てきます。臣智や邑君に印綬の大安売りをした件《くだり》です。

さらに不公平があり、『吏譯轉有異同、臣智激韓忿、攻帶方郡崎離營。時、太守弓遵樂浪太守劉茂、興兵伐之。遵戰死、二郡遂滅韓。』臣智が怒って崎離營キャンプを攻撃して、反撃した帯方郡の太守の弓遵が戦死するという、大変なことになっています。臣智は怖い人々のようです。

弁韓伝にも臣智は出てきます。『弁辰、亦十二國。又有諸小別邑、各有渠帥。大者名臣智』弁韓でも上位の首長は臣智です。

臣智の解読に取り掛かります。臣の字は、呉音が［ジン］で、漢音が［シン］、倭訓は［おみ］ですから、倭音は［ジ］か［シ］か［オ］です。智の字は、呉音漢音ともに［チ］で、倭訓は［さとい］ですから、倭音は［チ］か［サ］です。これらの倭音の候補と見合わせる、臣智の代表的なプロフィールは上位の首長だと言うことでしょう。ならば臣智は［おさ］でしょう。倭真名は尹、伯、佰、酋、者、綜、長など［おさ］と読む字はたくさんあります。どの字でも構わないのですが、國長［くにおさ］の地位にある臣智なので、一番馴染《なじ》みのある長の字を選んでおきます。臣智は長［おさ］です。解読結果を表-37にまとめておきます。

また倭音の法則が韓伝に通用しています。韓國内の呼《よ》び名《な》も倭語なの

表-37　臣智

<table>
<tr><th>音、訓、万葉仮名</th><th>倭真名</th><th>声音</th><th>倭仮名</th><th>音、訓、万葉仮名</th></tr>
<tr><td rowspan="2">おさ</td><td rowspan="2">長</td><td>オ</td><td>臣</td><td>ジン（呉）、シン（漢）、おみ、たみ</td></tr>
<tr><td>サ</td><td>智</td><td>チ（呉）（漢）、さとい、ちえ、かしこい</td></tr>
</table>

です。

◇臣智或加優呼臣雲遣支報安邪踧支濆臣離兒不例拘邪秦支廉之號

韓伝では、倭人伝以上に多くの国名が出てきます。その中には、倭人伝とよく似た国名もチラホラ見えるのですが、倭人伝と違って、國の説明がほとんどありません。その他の倭語の命名も解読したいのですが、漢文で説明のない国名は解読できません。解読のターゲットとして残っているのは、秘密の言葉『臣智或加、優呼臣雲遣支報安邪踧支濆臣離兒不例拘邪秦支廉之號。』くらいです。そこで次に、この秘密の言葉にチャレンジします。

まず表Ⅰ-38に状況を整理しておきます。上段には秘密の言葉の28文字が並んでいます。二段目は区分ごとに、ABCの記号を振っています。三段目は声音です。四段目は真名表記ですから、字義をもって読めばよいのです。臣智は声音が［オサ］で真名表記は長の字ですから、二段目では纏《まと》めてAの区分記号になっています。

区分Bの或の字は倭真名の表記で、字義は「或いは」ですから、その後ろの区分Cは、臣智［おさ］の別表現である筈です。

区分Eは何かの言葉の種類を言っています。前の区分Dの不例は真名で、そのまま「例はず」の意味です。区分Fの之號も真名で、そのまま「の號《よびな》」の意味ですから、区分Eは、名付けた言葉の種類です。区分Cの長い言葉は、区分Eの命名方法ではないと言っているのです。

このように見ていくと、まず区分Eから攻めていくのが易しそうです。区分Eの拘邪秦ですが、既に倭人伝では狗邪韓と言う、よく似た表現が出てきています。狗の字は拘の字に代わり、種族が韓から秦になっています。狗の倭音は［ク］でした。倭真名は與の字で、倭訓は［くみする］です。狗や拘を形声文字だとすると、偏は異なるけれど旁は同じなので、狗の字が［ク］なら、拘の字も［ク］で、おそらく対応する真名の倭訓も［くみする］の筈です。そうすると拘邪秦は、倭真名表記では與屬秦で、屬秦の仲間、つまり秦人です。

與屬秦は秦人で、辰韓のことだと思われます。辰韓伝は『辰韓、在馬韓之東。其耆老傳世自言「古之亡人、避秦役來適韓國。馬韓割其東界地、與之」』と書いています。始皇帝の秦の時代に大規模な土木工事の苦役を逃れてきた秦人の國が辰韓です。そうすると拘邪秦支廉は、漢語の一種の秦語の何らかの種類を言っていることになります。

表-38　臣智或加優呼……既読状況

臣	智	或	加	優	呼	臣	雲	遣	支	報	安	邪	踧	支	濆	臣	離	兒	不	例	拘	邪	秦	支	廉	之	號
A		B	C																D		E					F	
オ	サ				コ	オ						ヤ				オ						ヤ	ハタ				
長		或			皇							屬							不例			屬	秦			之號	

支廉はどんな種類の言葉でしょうか。廉の字は、呉音も漢音も［レン］、倭訓が［いさぎよい］ですから倭音の候補は［レ］と［イ］です。言語の話をしているのですから、おそらく倭真名は言の字で、倭訓は［いう］です。

そうすると、支廉は何らかの言葉の種類を表す単語の筈です。支の字の呉音も漢音も［シ］です。しかし偏に山を持ってきた岐の字は、呉音が［キ］です。形声文字は旁が同じものは、同じ発音をするのだとすると、支の字の古い時代の呉音は［キ］であった可能性があります。それを裏付けるように、万葉仮名の支の字は［き甲］［ぎ甲］です。これは音仮名です。［キ］で始まる言葉の種類を表す文字は、何でしょう。これはおそらく生の字だと思います。生の字の倭訓が［き］です。そうすると支廉は生言で、與屬秦支廉は「秦人のネイティブ言語」の意味です。不例拘邪秦支廉之號は、「秦人のネイティブ言語の號《よびな》の類例ではない」です。

そのようにDとEとFの区分が決まると、C区分が大きすぎることが分かります。C区分のなかにもE区分相当の言語の種類を言っている部分があり、それが例の字と同じ意味を持った真名の動詞でつながり、前の臣智を説明した言葉を修飾している筈です。C区分の中で例の字と同義の真名の動詞を探すと、踧の字に行き当たります。この文字は、論語の中に熟語で踧踖と言う用例があり、「おどおどする」の意味らしいのです。踧の字自体は、旁が叔で偏が足なので「つつましい姿勢」を意味するようです。ですから「従う」くらいの訳が適切なようです。

ここまでの状況変化を表－39に整理しておきます。

表－39では、区分CをC1、C2、C3に三分割しています。C1区分は、臣智を説明した言葉です。C2区分は、踧の字の単独で「従う」の意味です。C3区分は、言語の種類を言っている部分ですが、ここでは、既読文字が一文字増えています。

次は区分C3を攻めるのが、易しそうです。区分C3の支の字は倭音が「キ」で倭真名は生、意味はネイティブであることが分かっています。ですから、隣《となり》の濆の字と合わせて、支濆の二文字で、何らかのネイティブ言語だと言っている筈です。

濆の字は、呉音が「ブン」、漢音は「フン」、倭訓は「ふく」「ほとり」「みぎわ」「わく」「わきたつ」と沢山あります。倭音の候補は「ブ」「フ」「ホ」「ミ」「ワ」です。意味は言語の筈ですから、考えられる倭真名は文の字です。文の字は倭訓が「ふみ」ですから、倭音は「フ」で、濆の字の倭音の候補の「フ」と一致します。支濆は生文で、ネイティブ言語の文語の意味だと思われます。

つづいて、臣離兒の解読です。臣離兒の前は支濆で、支濆は生文で、ネイティ

表-39　臣智或加優呼……既読状況（その二）

臣	智	或	加	優	呼	臣	雲	遣	支	報	安	邪	踧	支	濆	臣	離	兒	不	例	拘	邪	秦	支	廉	之	號
A		B	C1										C2	C3					D		E					F	
オ	サ				コ	オ			キ			ヤ		キ		オ					ク	ヤ	ハタ	キ	イ		
長		或			皇							屬	踧	生					不例		與屬秦			生言		之號	

ブ言語の文語です。文語は読み上げると、口語になります。その口語が区分C1の加優呼臣雲遣支報安邪であれば、意味のつながりとしては、ピッタリです。

臣の字は［オ］であることが分かっています。離の字は倭訓が［はなす］なので倭音は［ハ］でしょう。兒の字は、倭訓が［こ］なので倭音も［コ］でしょう。そうすると臣離兒は［おはこ］でしょう。［オ］の声音は音の字の倭訓の［おと］の初頭音節、［ハ］の声音は話の字の倭訓の［はなし］の初頭音節、［コ］の声音は語の字の倭訓の［ことば］の初頭音節ですから、臣離兒は［おはこ］で、口語を意味する音話語です。

支濱臣離兒の全体では、生文音話語で、ネイティブ言語の話し言葉の意味であろうと思われます。


ところで、［おはこ］と言うと、思いつくのは、十八番です。十八番と言うのは得意芸のことです。江戸時代の歌舞伎役者の市川團十郎が歌舞妓狂言組十八番という定番の演目を制定して、その書き物を箱に入れて大切に保管していたので、十八番を［おはこ］と呼ぶようになった、と一般には説明されています。しかし［おはこ］は魏志倭人伝の時代に既に在った言葉のようです。おそらく歌舞伎の口上で、十八番の定番演目のアナウンスが有ったのでしょう。口上と言うのは［トザイトーザイ］（東西東西）で始まる、演劇場のアナウンスです。その口上のことを、音話語［おはこ］と言っていたので、十八番が［おはこ］に成ったのではないかと考えられます。歌舞伎には、よほど古い言葉が残っているようです。「おはこ」が音話語で倭語だとすると、アナウンスの時の東西東西「トザイトーザイ」と言うのも倭語だろうと思います。東西東西は「皆様、ご静粛に」と言っているのでしょう。その意味だとすると、東西は徒遮言だと思います。徒の字は、倭訓が「ともがら」で、皆《みな》の意味です。遮の字は、倭訓が「さえぎる」です。言の字は、倭訓が「いう」です。三文字合わせて徒遮言は「トサイ」になります。「トサイ」だと発音しにくいので、濁点が付いて「トザイ」になったのでしょう。東西だって元は「トウサイ」の筈ですが、発音し難いので濁点が付いて「トウザイ」になっています。同じことでしょう。言語の先生方は、こう言う濁音の出来方を連濁と言っています。

しかし、和名類聚抄には、東西のまた違った用法が出て来ます。例えば、筑前國那珂郡は、普通は万葉仮名で声音を表す注釈部分に『東西』と書いています。そこから推測すると、那珂は声音の「なか」で、東西と言う指示は、「字音でそのまま読め」と言っているように見えます。ですから、東西の意味は「そのまま」です。「静粛に」と「そのまま」では、イメージは分かるのですが、意味は大分《ダイブン》とズレていて、同じではありません。和名類聚抄の書かれた平安後期までに、意味の方が相当に変化していたようです。

表-40　臣智或加優呼……既読状況（その三）

臣	智	或	加	優	呼	臣	雲	遣	支	報	安	邪	踧	支	濆	臣	離	兒	不	例	拘	邪	秦	支	廉	之	號
A		B	C1										C2	C3					D		E					F	
オ	サ				コ	オ			キ			ヤ		キ	フ	オ	ハ	コ			ク	ヤ	ハタ	キ	イ		
長		或			皇							屬	踧	生文		音話語			不例		與屬秦			生言		之號	

ここまでの状況変化を表－40に整理しておきます。

残るのは、区分C1の10文字です。この10文字は、生文音話語の中身ですから、全ての文字で、一字が一音節の声音に対応した、仮名表記での話し言葉の言い回しの筈です。

ここでも易しそうなところから、順に攻めていきます。まずは加優です。加の字は呉音が［ケ］、漢音が［カ］で、倭訓は［くわえる］です。倭仮名は［ケ］か［カ］か［ク］でしょう。優の字は呉音が［ウ］、漢音が［ユウ］で、倭訓は［すぐれる］です。倭仮名は［ウ］か［ユ］か［ス］でしょう。こうして見ると、加優は［カス］で、おそらく監統の［かす］の事を言っているると思われます。

次は呼の字ですが、この文字も既読です。呼は［コ］で、真名の皇です。加優呼は監統皇です。倭國では監統王は、宰補役に回っていますが、馬韓では大王のようです。また馬韓伝では『辰王、治月支國。』と言っていて、『凡五十餘國』の馬韓諸国の一つ、月支國に居たのですから、監統皇は辰王のことだと思われます。

次は、臣雲遣支報を飛ばして、先に安邪です。安邪の、邪の字は既読です。［ヤ］で倭真名は屬の字です。そうすると安邪の、安の字は、何かの種族の意味の筈です。安の字は、呉音漢音ともに［アン］で、倭訓は［やすい］ですから、倭音は［ア］か［ヤ］です。しかし、何かの種族、と言う意味の指定があるので、［ア］はおそらく吾の字でしょう。安邪は［あや］で吾屬でしょう。意味は自族です。

陳寿は辰韓伝のなかで次のように書いています。『其言語、不與馬韓同。名國爲邦、弓爲弧、賊爲寇、行酒爲行觴、相呼皆爲徒、有似秦人。非但燕齊之名物也。名樂浪人、爲阿殘。東方人、名我爲阿。謂、樂浪人本其殘餘人。』訳してみます。「辰韓の言語は馬韓の言語と異なる。國のことを邦とし、弓のことを弧とし、賊のことを寇とし、行酒のことを行觴とし、人を呼び合うときの皆に徒を使う。秦人（始皇帝の秦）の言語に似ており、燕や齊の言葉遣いではない。樂浪郡の人を阿殘と呼ぶ。東方人は、我のことを阿としている。だから、樂浪郡の人は、元が秦人の辰韓人が、樂浪郡に残留した人たちである。」陳寿の考察の通りなら、馬韓では我のことを阿［ア］と言った筈です。こちらを採用するなら、［あや］は我屬でも良いようです。

こう言うように読むと、C1区分の中の前と後ろが決まりました。そうするとC1区分は、監統皇が吾屬に何かをした、あるいは、吾屬が監統皇を何とかした、の何方かです。「に何かをした」、あるいは、「を何とかした」の部分が臣雲遣支報である筈です。臣の字の音声は［オ］です。この［オ］が助詞の「を」であれば、意味が合うのです。

上代特殊仮名遣いでは、［オ］にも甲乙の区別があります。甲類の［オ］［お］には［ヲ］

［を］を使います。乙類の［オ］［お］は、そのまま［オ］［お］です。そうすると臣の字の倭訓は［おみ］としていましたが、これは［をみ］でないと、具合が悪いことになります。

日本書紀には臣の字は沢山出て来ますが、声音の分かる注釈は見当たりません。昔から［おみ］と読み慣わしていたようです。範囲を広げて万葉集に当たってみても、状況は変わりません。例えば、369番目の歌は『物部乃　臣之壮士者　大王之　任乃随意　聞跡云物曾』と詠っています。後の先生方がこれに読みを振っているのですが、「もののふの　おみのをとこは　おほきみの　まけのまにまに　きくといふ　ものそ」で、臣は［おみ］と解釈しています。昔の先生方は、歴史的仮名遣いに精通しておられて、私のような素人のレベルではありません。

こう考えていくと、どうも魏志倭人伝の時代の倭語では、［お］と［を］は区別されていない、としないと辻褄が合いません。臣の字の声音は［オ］で、意味は助詞の「を」です。

ここまでの状況変化を表-41に整理しておきます。

残るのは、区分C1の雲遣支報の4文字です。区分C1の10文字は、生文音話

表-41　臣智或加優呼……既読状況（その四）

臣	智	或	加	優	呼	臣	雲	遣	支	報	安	邪	踧	支	濆	臣	離	兒	不	例	拘	邪	秦	支	廉	之	號
A		B	C1										C2	C3					D		E					F	
オ	サ		カ	ス	コ	オ			キ		ア	ヤ		キ	フ	オ	ハ	コ			ク	ヤ	ハタ	キ	イ		
長		或	監統		皇	を					吾屬		踧	生文		音話語			不例		與屬秦			生言		之號	

語の中身ですから、全ての文字で、一字が一音節の声音に対応した、仮名表記での話し言葉の言い回しです。雲遣支報もその一部ですから、仮名表記での話し言葉の言い回しの筈です。

雲の字は呉音漢音ともに［ウン］で倭訓が［くも］なので、倭音は［ウ］か［ク］です。遣の字は、呉音漢音ともに［ケン］で倭訓が［つかわす］なので、倭音は［ケ］か［ツ］です。支の字は既読で倭音は［キ］です。報の字は呉音漢音ともに［ホウ］で、倭訓が［むくいる］か［しらせる］なので、倭音は［ホ］か［ム］か［シ］です。これだけで2×2×1×3＝12通りの話し言葉の声音の組み合わせになります。

［うけきほ］　［うつきほ］　［くけきほ］　［くつきほ］
［うけきむ］　［うつきむ］　［くけきむ］　［くつきむ］
［うけきし］　［うつきし］　［くけきし］　［くつきし］

どうも言葉の感じとしては、［うつきし］か［くつきし］で、吾屬が監統皇の辰王を何とかした、といっているようです。しかし、何をしたのかは、簡単には想像出来ません。

これを決めるためには、韓伝をよく読んで、辰王と馬韓人の関係がどうなっているかを、理解しなければいけません。

まずは韓伝が言っている韓とは何者かを押さえておきます。『侯準、既僭號稱王。爲燕亡人衞滿所攻奪。將其左右宮人、走入海、居韓地、自號韓王。其後絶滅。今韓人、猶有奉其祭祀者。』朝鮮侯の準と言う人がいて、既に歴代、王と自称していたのだけれど、その準の土地を、燕の亡人の衞滿という人が攻奪したのだそうです。その時に準の国の左右宮人、これは王族なのだと思いますが、海を渡って韓の地に住んで自ら韓王を名乗ったのだそうです。時代は前漢の時代で、燕は昔の春秋戦国時代の燕の後地のようです。その後絶滅して、朝鮮侯の系統の韓王はもういません。そして『漢時、屬樂浪郡、四時朝謁』なので、韓の地域は、漢の時代には、樂浪郡の管轄下にあったのです。これは、韓の名前の由来を言っているのでしょう。ここでの韓という名称は、樂浪郡の管轄下にあった地域の名称であって、韓姓の王の国と言う意味ではないようです。また、『四時朝謁』したと言うことですから、韓姓ではない、別の王が立って朝謁していたのです。韓姓ではない別の王というのが辰王であると思われます。

次は樂浪郡帯方郡の変遷です。『桓靈之末、韓濊彊盛。郡縣不能制、民多流入韓國。』桓帝靈帝の後漢の混乱期には、韓濊人の多くが韓國にある樂浪郡に流入した。『建安中、公孫康、分屯有縣以南荒地、爲帶方郡。』建帝安帝のころは、この地域の統治を任されていた公孫康が、楽浪郡の屯有縣より南の荒れ地を分割して帯方郡を設置した。『遣公孫模張敞等、收集遺民、興兵伐韓濊。』公孫康の子の公孫模が張敞などを派遣して、かつての楽浪郡の遺民の収集と郡域の韓濊人の討伐に当たった。『舊民稍出、是後倭韓遂屬帯方。』しかし、旧郡の民は少ししか出てこなかったが、これにより倭と韓が、帯方郡の統治下に入った。『景初中、明帝密遣帯方太守劉昕樂浪太守鮮于嗣、越海、定二郡。』景初に入って魏の明帝は、公孫氏の三代目の公孫淵を誅殺する前に、帯方太守と樂浪太守を任命して、魏の二郡として帯方郡と樂浪郡が復活した。『部従事吳林、以樂浪本統韓國、分割辰韓八國、以與樂浪。吏譯轉有異同、臣智激韓忿、攻帯方郡崎離營。』その後、部従事の職にあった吳林が韓を樂浪郡に統合しようとして、辰韓の八カ国を分割して樂浪郡に編入しようとした。この時に役人の言うことに矛盾があり、韓の臣智たちが激忿して崎離營を攻撃した。

なにか可笑しい。なぜ、辰韓の八カ国を取り上げたら、韓の臣智が怒るのでしょう。この時、韓全体に辰王が立っていて、馬韓と辰韓は、辰王の元での地域名称であり、韓國を構成する種族の名称だと考えないと、辻褄が合いません。臣智たちは、自分たちの土地を取り上げられたと感じていたから怒ったのでしょう。『時、太守弓遵樂浪太守劉茂、興兵伐之。遵戰死、二郡遂滅韓。』この時、帯方太守の弓遵と樂浪太守の劉茂が、軍を興して討伐した。帯方太守の弓遵は戦死するが、二郡で力を合わせ、とうとう韓を滅ぼした。と言うことは、この時に辰王がいなくなったのです。これは正始七年、西暦２４６年の事です。この年、卑彌呼女王が亡くなります。

次に辰王の追跡です。『辰韓者、古之辰國也。馬韓、在西。其民土著』なので辰韓は、昔の辰國です。また馬韓人は土着の在来種でネイティブです。その辰國の王の名前を持つ辰王は、『辰王、治月支國。』ですから、馬韓の月支國に居るのです。『辰韓者、古之辰國也。』辰國と言うのが、何となく遠い昔の国だと思っているのが、よくないのです。ついこの間まで辰國は在って、帯方太守の弓遵と樂浪太守の劉茂が、辰國を潰したのです。辰國の首都は月支國だったのです。

もう少し読み進んでみます。『辰韓、在馬韓之東。其耆老傳世自言「古之亡人、避秦役來適韓國。馬韓割其東界地、與之」』耆老に代々伝えられた話では、辰韓人と言うのは、秦の時代に大規模な土木工事の苦役を逃れて韓國にやってきた秦人です。なので、韓國と言うのは辰國のことで、辰國では秦人である辰王が王であったのです。

『弁、辰韓、合二十四國。大國四五千家、小國六七百家、總四五萬戶。其十二國屬辰王。辰王、常用馬韓人。作之、世世相繼。辰王不得自立爲王。』弁韓と辰韓の合計二十四カ国のうちの十二カ国は辰王に帰属していた。辰王は、馬韓人を常用して、国の体制を整えていた。辰王は、代々相続している。しかし、帯方樂浪郡に潰されたので、辰王は自分で立って王になることが出来ない。ですから、辰王は空位だったのです。

ここまで読むと、意味が分かります。表Ｉ-41のＣ1区分の雲遣支報は［うつきし］で「空《うつ》きし」です。Ｃ1区分の全体では、「監統皇を空きし吾屬」であって、ネイティブ韓人の馬韓人である長［おさ］が、辰王の監統皇を失った、と言っているのです。

完成した既読表を表ー42に掲げておきます。

「長《おさ》、或《ある》いは、生文《きふ》の音話語《おはこ》に従《したが》う（ところの）、監統皇《かすコウ》を空《うつ》きし吾屬《あや》は、與屬《くや》秦《はた》の生言《きい》の號《よびな》に例《なら》はず。」このように、少々長い倭語の文章でも、意味を順々に手繰っていけば、解読することが出来ます。

区分A、C1、C3、Eは、秦の一文字を除いて倭仮名表記で、倭語単語か倭語順で書かれた熟語や句です。これに区分Bの或、区分C2の踧、区分Dの不例、区分Fの之號の真名が挟まって、全体的には漢語順の構文で書かれた漢文です。このころの倭語の文語は、こう言うもののようです。

解読結果を表ー43にまとめておきます。

これで、臣智或加優呼臣雲遣支報安邪踧支濆臣離兒不例拘邪秦支廉之號の解読は完了です。しかし、色々と難儀なことになっています。表ー42のC1区分の10文字、加優呼臣雲遣支報安邪の部分は、C3の馬韓の生文音話語の中身ですから、仮名表記での馬韓語の話し言葉の言い回しの筈です。それが倭語として読めてしまったのです。意味は、魏志倭人伝の当時、倭語が、馬韓人と倭人の共通言語で

表-42　臣智或加優呼……解読完了

臣	智	或	加	優	呼	臣	雲	遣	支	報	安	邪	踧	支	濆	臣	離	兒	不	例	拘	邪	秦	支	廉	之	號
A		B	C1										C2	C3					D		E					F	
オ	サ		カ	ス	コ	オ	ウ	ツ	キ	シ	ア	ヤ		キ	フ	オ	ハ	コ			ク	ヤ	ハタ	キ	イ		
長		或	監統		皇を		空きし				吾屬		踧	生文		音話語			不例		與屬秦			生言		之號	

表-43　臣智或加優呼臣雲遣支報安邪踧支瀆臣離兒不例拘邪秦支廉之號

音、訓、万葉仮名	倭真名	声音	倭仮名	音、訓、万葉仮名
おさ（長）	長	オ	臣	ジン（呉）、シン（漢）、**お**み、たみ
		サ	智	チ（呉）（漢）、**さ**とい、ちえ、かしこい
或いは	或		（或）	
かすこう（監統皇）	監	カ	加	ケ（呉）、**カ**（漢）、くわえる、たす、ふやす、**か**（仮）、が（仮）
	統	ス	優	ウ（呉）、ユウ（漢）、**す**ぐれる、やさしい、まさる、やわらぐ、ゆたか、わざおぎ、なごやか
	皇	コ	呼	ク（呉）、**コ**（漢）、よぶ、おと、**こ**え、を（仮）
を		オ	臣	ジン（呉）、シン（漢）、**お**み、たみ
うつきし（空きし）	空	ウ	雲	**ウ**ン（呉）（漢）、くも、そら、**う**（仮）
		ツ	遣	ケン（呉）（漢）、**つ**かう、**つ**かわす、やる、おくりもの、あたえる、いてやる
		キ	支	シ（呉）（漢）、ささえる、かう、つかえる、わかれる、はなれる、えだ、てあし、はらう、しはらう、ふさがる、さしつかえる、**き**甲（仮）、ぎ甲（仮）
		シ	報	ホウ（呉）（漢）、むくい、むくいる、**し**らせる
あや（吾屬）	吾	ア	安	**ア**ン（呉）（漢）、やすい、いずくんぞ、いずくに、やすんじる、**あ**（仮）
	屬	ヤ	邪	ジャ、**ヤ**（呉）、シャ、**ヤ**（漢）、よこしま、**や**、か、**や**ましい、ざ（仮）
従う	踧		（踧）	

きふ(生文)	生	キ	支	シ（呉）（漢）、ささえる、かう、つかえる、わかれる、はなれる、えだ、てあし、はらう、しはらう、ふさがる、さしつかえる、**き**甲（仮）、ぎ甲（仮）
	文	フ	濆	ブン（呉）、**フ**ン（漢）、**ふ**く、ほとり、みぎわ、わく、わきたつ、
おはこ(音話語)	音	オ	臣	ジン（呉）、シン（漢）、**お**み、たみ
	話	ハ	離	リ（呉）（漢）、**は**なす、**は**なれる、わかれる、かかる、かる、とりつかれる、ひっかかる、つく、つらなる、ならぶ、り（仮）
	語	コ	兒	ニ（呉）、ジ（漢）、**こ**、**こ**甲（仮）
例はず	不		(不)	
	例		(例)	
くやはた(與屬秦)	與	ク	拘	**ク**（呉）、コウ（漢）、かかわる、こだわる、とどめる、とらえる
	屬	ヤ	邪	ジャ、**ヤ**（呉）、シャ、**ヤ**（漢）、よこしま、**や**、か、**や**ましい、ざ（仮）
	秦	ハタ	(秦)	ジン（呉）、シン（漢）、**はた**
きい(生言)	生	キ	支	シ（呉）（漢）、ささえる、かう、つかえる、わかれる、はなれる、えだ、てあし、はらう、しはらう、ふさがる、さしつかえる、**き**甲（仮）、ぎ甲（仮）
	言	イ	廉	レン（呉）（漢）、**い**さぎよい、かど、すみ、やすい、ただしい、きよい
の號	之		(之)	
	號		(號)	

あったと言うことです。

馬韓人と言うのは、ネイティブの韓人です。倭國では、ネイティブは屬女です。馬韓人と倭人の言語が同じと言うことは、馬韓人と倭人が元は同じ民族だったと言うことのようです。

韓國では大王は監統皇で、ネイティブ韓人の首長は臣智です。倭國では大王はネイティブの屬女の卑彌呼（奴廟皇）ですが、監統王は卑彌呼女王を宰補して、国の統治体制の頂点を占めています。そして、監統皇は秦人で、元は漢人です。すると監統の同じ言葉で言い表された監統王も秦人なのでしょうか。可能性は大いにあります。

そうしてみると、ネイティブ韓人の国の馬韓は、女韓であって、「屬女の韓」なのでしょう。また韓國が「空《うつ》きし」國で空国［からくに］になったのは、正始七年、西暦２４６年の事です。それまでは、韓國［カンコク］だったのでしょう。

◇魏志韓伝の感想

陳寿は、魏志東夷伝全体では、東夷の言語に随分気を使った書き方をしています。高句麗伝で、『東夷舊語、以爲夫餘別種。言語諸事、多與夫餘同。』と書いているので、高句麗語と夫餘語が同じです。東沃沮伝では、『言語與句麗大同、時時小異。』と書いているので、高句麗語と東沃沮語もほぼ同じです。挹婁伝では、『其人形似夫餘、言語不與夫餘、句麗同。』と書いているので、挹婁語は夫餘語や高句麗語と違う言語です。濊伝では、『言語法俗大抵與句麗同、衣服有異。』と書いているので、濊語と高句麗語がほぼ同じです。馬韓伝では、『又有州胡、在馬韓之西海中大島上。其人差短小、言語不與韓同。』と書いていて、馬韓の西の海中にある大島の言語と馬韓語が異なると、細かなことを言っています。大島は今の済州島でしょうか。辰韓伝では、『其言語、不與馬韓同。』と書いているので、馬韓語と辰韓語は異なります。弁韓伝では、『弁辰、與辰韓雜居。亦有城郭。衣服居處、與辰韓同。言語法俗相似。祠祭鬼神有異。』と書いているので、弁韓語と辰韓語はよく似ています。

陳寿は東夷の国々の言語に対しては、随分丁寧な書き方をして、同じか違うかを明示しているのです。書かれていないのは、馬韓語と濊語の間と、馬韓語と倭語の間です。そのうち馬韓語と倭語については、陳寿は明示的に書いてはいませんが、その代わり、秘密の言葉、『臣智或加、優呼臣雲遣支報安邪踧支濆臣離兒不例拘邪秦支廉之號。』を書き残したのです。ですから、「倭、言語、與馬韓同。」なのです。

辰韓のところでは、『其言語、不與馬韓同。名國爲邦、弓爲弧、賊爲寇、行酒爲行觴、相呼皆爲徒、有似秦人。非但燕齊之名物也。名樂浪人、爲阿殘。東方人、名我爲阿。謂、樂浪人本其殘餘人。今有、名之爲秦韓者。』と言っています。「辰韓では、國のことを邦とし、弓のことを弧とし、賊のことを寇とし、行酒のことを行觴とし、呼び合うときの皆のことを徒とする。これらは秦人の言葉によく似ている。燕や斉の言葉遣いではない。樂浪人のことを阿殘と言う。」ここは陳寿が辰韓の言葉に考察を加えた部分です。言葉遣いから、辰韓人が元々秦人であると言うのを納得しているようです。そして次に「そういえば、東方人は我のことを阿と書いている。」が割り込みます。一人称の阿［ア］の声音は東方人の共通語になった秦人の言葉のようです。また、陳寿は「だから、樂浪人は秦人の殘餘の人なのだ。そういえば今も、自分たちのことを秦韓者と言っている辰韓人がいる。」文字遣いから見た、辰韓人イコール秦人、を強調しています。陳寿には、東夷の各国が自国について書いた国書を見比べる機会があったのでしょう。その中には倭人のガイドブックもあっただろう思います。一緒に、阿の一字だけの例示ですが、東方人は我（一人称代名詞）を阿としている、とのことです。阿の字に一人称代名詞の意味があるとは思えないので、これは声音が阿［ア］だと言っているのでしょう。倭人伝や韓伝の当時、声音の仮名表記は、既に東方人の間で一般的で、更に東方人語の一人称代名詞の声音は［ア］だったようです。

確かに、倭語でも一人称代名詞の吾の字の倭訓は［あ］です。我［ガ］［われ］とは声音が異なりますが、意味は同じです。

説文解字に当たって、古い中国音を調べると、反切と言う方法で『五可切』と書いてあります。五の声母と可の韻母を合わせるのだそうで、五が［ゴ］で、可が［カ］とすると、［ゴ］の頭の子音と、［カ］の後ろの母音以下を足し合わせればよいのです。結局、我は［ガ］でしょう。もっとも、時代と地域によって、五や可の字の声音も変化するので、[カ]や[ゴ]の声音も怪しいところがあります。しかし、反切の手法を使うと言うことは、我の字の声音が、単母音の[ア]であった可能性はありません。阿[ア]は東方人語の一人称代名詞の発音でしょう。

馬韓語と濊語については、同異を明示的には、言っていません。しかし『東方人、名我爲阿。』という言い方をするところを見ると、おそらく挹婁と州胡、それから秦時代の漢語を使っていた辰韓が異なるだけで、その他の東夷はほぼ同じ、という感触を持っていたようです。

匈奴の言語

陳寿先生に、東夷の言語はほぼ同じ、と言われてしまったので、行き掛かり上、私としてもそれを確認しないわけにはいきません。それで、三國志、魏書、烏丸鮮卑東夷傳第三十を見渡してみたのですが、漢文の説明と仮名書きが対になって、意味と声音のセットが明確な、良い言葉が見つかりません。そこで、範囲を広げて漢書を覗《のぞ》いたところ、匈奴傳の中に良い言葉を見つけました。

漢書は、中国の後漢の時代に、前の時代の、前漢の時代を記述したもので、三國志より古い、中国の正史の一つです。編著者は、班固、班昭です。その列傳の中に匈奴傳が在ります。

実は漢書匈奴傳の上巻と、更に古い中国最初の正史となった史記の匈奴列傳とは、殆ど同じです。史記は、中国前漢の中《なか》ほどの武帝の時代に司馬遷によって編纂された史書で、伝説上の五帝の一人の黄帝から前漢の中期の武帝までを記述しています。

ですから、漢書匈奴傳の上巻は前史の要約として、史記の匈奴列傳を書写《ショシャ》したもののようです。少しばかりの違いも有ります。字句修正とか、短い物語の追加です。

漢書匈奴傳の下巻は、史記の扱わなかった、前漢の中期以降の匈奴のことも書いています。

匈奴についての記述では、史記よりも漢書の方が、分量がおおいので、主に漢書の方から倭語を探していくことにします。

匈奴は、紀元前4世紀頃から5世紀にかけて東アジアに存在した胡服騎射の民、遊牧騎馬民族の国です。紀元前200年ころの前漢の初期に、冒頓單于（在位は紀元前209年〜紀元前174年）という大王が立って、東の東胡を滅ぼし、西の月氏をさらに西方に追いやり、中央アジアから東アジアに巨大な勢力を張っていて、東夷と北狄と西戎をあわせた大帝国です。漢帝国も中期の武帝（孝武帝）のころまで、匈奴にはお手上げだったようです。

◇屠耆

匈奴傳では、国の制度を説明して次のように書いています。

『置左右賢王，左右谷蠡，左右大將，左右大都尉，左右大當戶，左右骨都侯。匈奴謂賢曰「屠耆」，故常以太子為左屠耆王』「匈奴の大王の下には、左賢王、右賢王の両賢王が配置されている。」「匈奴ではその賢の字を屠耆と言う。」

倭仮名の二文字に対して、倭真名の賢の一字が指定されています。これは、今回の一連の解読問題の内で、最も易しい解読です。解読結果表を表Ｉ-44に示します。

他の所にも賢の字は出て来ます。『後北服渾窳、屈射、丁零、隔昆、龍新賺之國。於是匈奴貴人大臣皆服，以冒頓為賢。』冒頓単于自身も賢と呼ばれたようです。こういう用例を見ると、この賢の字は「賢《かしこ》い」と言うよりも、「畏《おそ》れ多《おお》い」や「偉《えら》い」の方が、意味が近そうです。

やはり匈奴の言葉は、倭語です。屠の字の倭訓の［さく］、者の字の倭訓の［としより］の初頭音節が当たっています。明らかに倭音の法則に従っています。

この解読がまぐれ当たりでない証拠に、意味と声音のセットが明確な言葉は、みな解読しておきます。

◇撐犁孤塗單于

匈奴傳では、匈奴王の單于を説明して次のように書いています。

『單于姓攣鞮氏、其國稱之曰、撐犁孤塗單于。匈奴謂天為撐犁、謂子為孤塗、單于者、廣大之貌也。言其象天單于然也。』

「單于の姓は攣鞮である。匈奴の国では、單于のことを撐犁孤塗單于

表-44　屠者

音、訓、万葉仮名	倭真名	声音	倭仮名	音、訓、万葉仮名
ゲン（呉）、ケン（漢）、かしこい、さか、**さと**	賢	サ	屠	ズ、ド（呉）、ト（漢）、**さ**く、ほふる、つぶす
		ト	者	ギ、シ、ジ（呉）、キ、シ（漢）、おいる、おさ、たしなむ、**と**しより

と言う。匈奴は天のことを撐犁と言う。子のことは孤塗という。單于と言うのは、広大な容貌のことである。この言葉は、單于が天空のようだと言う意味である。」

まず撐犁は、天のことです。天の字は、倭語では［あめ］［あま］で時々［うえ］とか［そら］と読みます。

撐の字は、呉音が［トウ］、漢音が［チョウ］、倭訓は［ささえる］［あく］です。天の字と撐の字に共通する声音は［ア］です。

次の犁の字は、呉音が［ライ］［リ］、漢音が［レイ］［リ］、倭訓が［くろい］［しみ］［すき］［まだらうし］で、天の字と犁の字に共通する声音は［マ］です。そうすると、撐犁と続けると、声音は［アマ］だと思われます。

おそらく撐犁は天の字と、もう一文字、［ま］で始まる倭語との熟語なのです。しかし、［マ］の倭真名は問題です。私はこれを間の字であると思っています。間に字には、「距離が離れてスペースが空《あ》いている」の意味があります。天のスペースは天空で、これは［アマ］に充てる意味としては、ピッタリです。

スペースの意味ならば間の字の他に、空の字にも、この意味があります。こちらの方がストレートに天空になりますが、空の字に［ま］の声音はありませんが、同義遷訓で、忘れられた倭訓でしょう。

次の孤塗は子供のことです。孤の字は呉音が［ク］、漢音が［コ］、倭訓が［ひとりきり］です。天空の子供なのですから、日、月、星のどれかなのでしょうけど、声音と見合わせると、おそらく日の字です。

次の塗の字は可笑しな音声です。呉音が［ズ］［ド］で、漢音が［ト］で、倭訓が［ぬる］［まみれる］［みち］［よごす］で、万葉仮名は［と甲］です。意味は、年若い方の弟の字ではないかと思いますが、弟の字の倭訓は［おと］［おとうと］であって、初頭音節は［お］です。これでは、塗の字と一致する声音が有りません。弟の字は、元々は小弟と書いて［おと］と発音していたものを、弟の一字に声音の［おと］を充て直したのではないかと思います。おそらく塗の字も弟の字も、倭音は［ト］だったのでしょう。そうすると、孤塗は［ヒト］で日弟でしょう。

子供と兄弟では意味が違うとお叱りを受けそうですが、親から見た子供は、子供から見れば兄弟であって、視点が異なるだけで実態は同じものです。同義遷訓と考えれば、子の字が弟の字に化けても良い筈です。

最後の單于は、広大な容貌のことです。單の字は、呉音が［ゼン］、倭訓は［ひとえ］です。すでに出てきた、天空も日も上等に広大です。單の字は［ヒ］で倭真名は日の字です。

次の于の字は、呉音も漢音も［ウ］、倭訓は［ここに］［ああ］［おいて］［より］［を］［に］

［いはく］と沢山あります。意味は容貌、様子ですから、意味的にピッタリするのは、如の字です。しかし、この字は、呉音［ニョ］、漢音［ジョ］、倭訓［ごとし］で、單の字との間に一致する初頭音節が有りません。おそらく、如の字の［ごとし］は、元々が［ことし］［ことする］であったものが、音便変化を受けて、濁点が付いた（連濁）のではないでしょうか。そうすると、單于は［ヒコ］で日如でしょう。

解読結果を、表Ⅰ-45にまとめておきます。

單于と言うのは、「天空の、日弟氏の、日の如き」王であったようです。

日本書紀では、高貴な男性の敬称として、彦の字が使われていますが、彦の語源は日如［ひこ］で、單于の別表現であったようです。

◇匈奴

ここまで読めると、匈奴も簡単です。匈の字は呉音が［ク］、漢音が［キョウ］、倭訓が［むね］［おそれる］［さわぐ］ですが、意味の中には恐慌があるので、［あわてる］も可能です。次の奴の字はすでに［マ］であることが分かっています。匈奴は［あま］です。既に出てきた撐犁［アマ］とは倭仮名の文字が違うだけで、何方も天空です。解読結果は、表Ⅰ-46の通りです。

表-45　撑犁孤塗單于

音、訓、万葉仮名	倭真名	声音	倭仮名	音、訓、万葉仮名
テン（呉）（漢）、**あ**ま、**あ**め	天	ア	撑	トウ（呉）、チョウ（漢）、ささえる、**あ**く（開く、明く、空く）
クウ（呉）、コウ（漢）、そら、から、あく、むなしい、うつ、**ま**(間、同義遷訓)	空	マ	犁	ライ、リ（呉）、レイ、リ(漢)、くろい、しみ、すき、**ま**だらうし
ニチ（呉）、ジッ(漢)、**ひ**、か	日	ヒ	孤	ク（呉）、コ（漢）、そむく、**ひ**とりきり、みなしご、こ甲（仮）
ダイ、デ（呉）、テイ（漢）、お**と**う**と**、おと	弟	ト	塗	ズ、ド（呉）、**ト**（漢）、ぬる、どろ、みどろ、まみれる、みち、**と**甲（仮）、よごす
ニチ（呉）、ジッ(漢)、**ひ**、か	日	ヒ	單	ゼン、タン（呉）、セン、タン（漢）、**ひ**とえ
ごとし（音便）＝**こ**とする	如	コ	于	ウ（呉）（漢）、**こ**こに、ああ、おいて、より、を、に、いはく

魏志倭人伝で、長らく意味の分からなかった奴國ですが、ここまで読解を進めてきて、初めて倭真名に出会いました。倭仮名の奴の字は、倭真名の空の字のようです。

魏志倭人伝の奴國や狗奴國の仮名の奴の字は、倭真名では空の字です。ですから奴國は空國、狗奴國は與空國で、彌奴國は廟空國です。また、奴の字を卑の字で置き換えた卑彌呼は空廟皇で、卑彌弓呼は空廟武皇、官名の卑狗は空與です。奴の字を升の字で置き換えた難升米は監空皇です。

匈奴は天空で［あま］です。中央アジアから東アジアの広域を覆う、天空人とでも言うような種族があったのです。そして、倭語は天空人の言語です。

◇冒頓

冒頓は、中央アジアから東アジアに巨大な勢力を築いた、匈奴の大王の名前です。

表-46　匈奴

音、訓、万葉仮名	倭真名	声音	倭仮名	音、訓、万葉仮名
テン（呉）（漢）、**あ**ま、**あ**め	天	ア	匈	ク（呉）、キョウ（漢）、むね、おそれる、さわぐ、**あ**わてる（恐慌）
クウ（呉）、コウ（漢）、そら、から、あく、むなしい、うつ、**ま**（間、同義選訓）	空	マ	奴	ヌ（呉）、ド（漢）、め、やつ、やっこ、**ま**ずめ、ど甲（仮）、な（仮）、ぬ（仮）、の甲（仮）

『單于有太子，名曰冒頓。後有愛閼氏，生少子，頭曼欲廢冒頓而立少子，乃使冒頓質於月氏。』ここでの單于は、冒頓の父親の頭曼單于です。頭曼單于には、跡取り息子があり、名前は冒頓です。頭曼單于には愛する妻との間に、弟の幼子《おさなご》があります。頭曼單于は冒頓を廃嫡にして、弟を跡取りにしようとし、冒頓を月氏國への人質に行かせます。

　ですから冒頓は、兄で、兄弟の中の年長の子なのです。冒の字は、呉音が［モウ］［モク］、漢音が［ボウ］［ボク］、倭訓は［おかす］です。倭音の候補は［モ］か［ボ］か［オ］です。頓の字は、呉音漢音ともに［トン］、倭訓は［ぬかずく］［つまずく］［にわかに］［とみに］ですから、倭音の候補は、［ト］［ヌ］［ツ］です。兄弟の年長の方ですから、冒の字は、倭音［オ］で倭真名は大の字です。頓の字は、倭音［ト］で倭真名は弟の字でしょう。冒頓は大弟で「お兄《にい》ちゃん」です。意味と声音からみて、大弟は漢字一文字で乙の字になります。乙の字は倭訓が［おと］、意味は二番手です。大王から見て太子は、次の大王で二番手ですから。解読結果は、表Ⅰ-47に示します。冒頓單于は、乙日如で、［おとひこ］です。

表-47　冒頓

音、訓、万葉仮名	倭真名	声音	倭仮名	音、訓、万葉仮名
おと（乙）	大	オ	冒	モウ、モク（呉）、ボウ、ボク（漢）、**お**かす
	弟	ト	頓	トン（呉）（漢）、ぬかずく、つまずく、にわかに、**と**みに

漢文の意味と倭仮名書きが対になって、意味と声音のセットが明確な言葉は、これくらいです。その他の倭語らしき名前は、もう少し漢文の文面をよく見て、頭を働かさないと読めません。

漢文の文面をよく見ると、可笑しなことに気づきます。冒頓單于の周りの言葉は、倭仮名表記ですが、その他の匈奴の地理的な事項は、真名表記が多いと言うことです。

地名の山の名前には、天山や祁連山が出て来ます。天山は「天の山」ですし、祁連山は「大いに連《つら》なった山」で、そのまま意味がとれるので、これが真名表記であるのは明らかです。

町の名前もそうです。酒泉や敦煌は真名です。酒泉は「酒の泉」でしょう。敦煌は「敦《あつ》く煌《きら》めく」で、敦の字は、「手厚い」とか「徳がある」の意味でしょう。

国の名前も同じようなものです。冒頓單于が潰した東胡は、「東の胡族」の意味でしょう。月氏だって、「月を崇拝する氏族」でしょう。

匈奴の言葉が倭語であるのですから、これらの真名表記は、おそらく倭真名だった筈です。そう考えると、さらに解読できる言葉が増えます。

◇攣鞮

匈奴は二つの氏姓を持っています。匈奴傳も匈奴列傳も『匈奴，其先夏后氏之苗裔，曰淳維。』と言っていて、匈奴の氏姓は淳維氏です。しかし漢書ではもう一つ『單于姓攣鞮氏』と言っていて、攣鞮氏も匈奴の氏姓です。ただしこの短文は史記には有りませんので、漢書の追加です。冒頓單于は攣鞮氏と言う種族の出身であったようで、淳維氏と攣鞮氏のハーフ種族のようです。

攣の字は、呉音漢音ともに［レン］、倭訓は［つる］です。倭音の候補は［レ］と［ツ］です。鞮の字は、呉音［タイ］、漢音［テイ］、倭訓は［くつ］［たび］で、倭音の候補は［タ］［テ］［ク］です。

これと見合わせる、漢文の説明は、『而單于朝出營，拜日之始生，夕拜月。其坐，長左而北向。日上戊已。』でしょう。匈奴は、天空人で、日弟氏ですから、朝には太陽に礼拝し、夕方には月に礼拝します。匈奴は、月にも礼拝するのですから、父母何れかの宗族が月氏だったようです。そうすると攣鞮は［つく］で倭真名は月の字でしょう。解読結果を表-48にまとめます。

月の字は、普通は［つき］です。それを［つく］と読むのは、稀《まれ》なことで、後ろにもう一つ名詞があって、その名詞に掛かるような場合に限られます。例えば月夜は［つくよ］と読む場合があります。どうも古代の倭語

表-48　攣鞮

音、訓、万葉仮名	倭真名	声音	倭仮名	音、訓、万葉仮名
ガツ（呉）、ゲツ（漢）、つき、**つく**	月	ツ	攣	レン（呉）（漢）、**つ**る
		ク	鞮	タイ（呉）、テイ（漢）、**く**つ、たび

には、名詞に格のようなものが有ったのではないかと思えます。[つき]が主格で、[つく]が属格でしょうか。現代の和語には、名詞の格変化なんて聞いたことがありません。属格の代わりに、助詞の「の」で済ませてしまいます。属格と助詞の「の」は機能がバッティングするので、片方が無くなったのでしょうか。

月[つき]を[つく]と読むような声音変化を、国語では熟語的表現のように説明するようで、格変化とは考えないようです。他にも、雨の字は単独では[あめ]ですが、熟語になると雨粒[あまつぶ]、雨足[あまあし]、雨雲[あまぐも]です。古い時代には格変化であったものの名残《なごり》ではないかと思える例は結構あります。

もう一つ、かなり難儀な問題が絡んできます。もし攣の字を二音節仮名と取って、[ツル]とすれば、攣鞮は[ツルク]で[turuku]です。今も、Republic of Turkey(トルコ共和国)と言う国が存在して、トルコ人の自称は[テュルク][turk]です。古テュルク語では[Türük]です。ただし、テュルク語では月のことを[ay]と言い[テュルク]ではありませんが、この国の国旗は今も月星デザインで、月は国の象徴です。どうも倭語の月と吾屬[あや][aya]が入れ替わったような言葉になっています。そう言う心算でテュルク語辞典を眺めると、月を意味する[ay]には格変化が有り、[ay]の与格は[aya]で、吾屬[あや][aya]とまったく同じ声音です。

どうも、古テュルク語の［Türük］は、
 孿鞮の訓読みの［つるくつ］のようです。

最初にテュルクと名乗った国は突厥です。それまで大陸北方の草原地帯を支配していた柔然を破り、西暦552年に、突厥可汗国を打ち立てています。この時代、中国は華北地方を北魏が統一して五胡十六國時代が終わり、南北朝時代の最中です。

突厥の言葉は、突厥語ですが、突厥語は古テュルク語の別名です。突厥は石碑を建てることの好きな人たちで、多くの碑文を残しています。彼らはまた、独自の表音文字である突厥文字を持っています。突厥文字はアルファベットの一種ですが、私には読めません。「TÜRIK BITIG」と題したサイト（http://bitig.org/index.php?lang=e）は、碑文の突厥文字をローマ字に転写し、それに英語訳を付けて下さっているので、私はそれを参照しています。有難いサイトです。

突厥碑文は自分たちの種族を［Kök-Türük］としています。これが歴史上最初の確かなテュルクなのですが、テュルク族は紀元前200年ころには、月氏として既に登場していたのです。

テュルク語の同系言語は一括してテュルク語族と呼ばれますが、このテュルク語族の地理的分布がまた凄いのです。東アジアから中央アジア、西アジアにまで達しています。ユーラシア大陸を縦断する大語族です。

一方の月氏はというと、匈奴に追われて、中央アジアに移動して大月氏となり、一部は分裂して小月氏となりタリム盆地付近に残ったとされています。大月氏はその後、インドに侵入してクシャーナ朝を建てたと言われています。またクシャーナ朝の大月氏は、仏教を後漢に伝えた国としても知られています。しかし如何いうふうに匈奴と突厥が繋がっているのかは、史記と漢書だけではよく分かりませんが、匈奴の単于が攣鞮氏と言うところを見ると、月氏の一部は、匈奴の中でも中心氏族として生き続けていたものと想像できます。

◇淳維

『匈奴，其先夏后氏之苗裔，曰淳維。唐虞以上有山戎、獫允、薰粥，居于北邊，隨草畜牧而轉移。』です。「匈奴は、昔の夏后氏の末裔で、淳維と言う。」夏后は、司馬遷が史記の中で記載した、中国で最古の伝説の王朝です。夏后は紀元前17世紀頃に、殷（商とも）と言う王朝に滅ぼされました。匈奴の天空人は、夏后氏の末裔で、氏族の名前が淳維です。

淳の字は、呉音［ジュン］、漢音［シュン］、倭訓は［あつい］［きよ］［まこと］［すなお］です。倭音の候補は［ジ］［シ］［ア］［キ］［マ］［ス］です。

維の字は、呉音［ユイ］、漢音［イ］、倭訓は［たもつ］［つな］［つなぐ］［ゆい］です。倭音の候補は［ユ］［イ］［タ］［ツ］です。

匈奴は、天空人で、日弟氏ですが、一方の宗族が月氏です。月氏は匈奴に追われて西に逃れて、タリム盆地付近に留まり、後に更に匈奴の掃討に遭って、パミール高原の西、今のカザフ共和国の方面に遷都した国です。その後もタリム盆地付近には多く天空人たちが出入りします。敦煌はタリム盆地の東の入口に当たります。敦煌の訓読は「あつききらめき」、おそらく天空人の首都で聖地を意味する言葉であろうと思われます。敦の字は天空人のことを表す真名でしょう。敦の字の倭訓は「あつ」ですから、淳維は敦の字の倭仮名表記でしょう（表−49）。

こうしてみると、敦煌の真名も倭真名であって、倭音読みが有ったろうと思われます。敦の字が倭訓「あつ」、煌の字が倭訓「きらめき」ですから、敦煌は「アキ」でしょう。

そうすると「やまと」の枕詞「あきつしま」の「あき」は敦煌のことで、「徳が光る国、やまと」と言っているようです。なかなかのキャッチフレーズです。

表−49　淳維

音、訓、万葉仮名	倭真名	声音	倭仮名	音、訓、万葉仮名
タイ、トン（呉）（漢）、のぶ、つる、**あつ**	敦	ア	淳	ジュン（呉）、シュン（漢）、**あ**つい、きよ、まこと、すなお
		ツ	維	ユイ（呉）、イ（漢）、たもつ、**つ**な、**つ**なぐ、ゆい、ゆき、これ

◇烏孫と烏桓

烏は鳥類のカラスですが、この烏の字は、漢書の匈奴傳の中で最も出現頻度の高い文字です。合計104羽のカラスが匈奴の天空世界を飛び回っています。烏の字が使われた内容は、匈奴天空人の支族の名称、あるいは匈奴の官位や役職と考えられる名詞、それから単于などの人名です。

烏孫は匈奴に征服された氏族で、その後に単于から信任され西域の鎮守役を担っています。さらに月氏の子孫で、まだタリム盆地付近に居た大月氏を駆逐して、西域のタリム盆地付近に烏孫國を建てています。

烏孫の烏の字は、もちろん倭訓が［からす］ですから、倭音は［カ］です。烏孫の孫の字は、倭訓が［まご］ですから、倭音は［ま］でしょう。烏孫は［カマ］です。［カマ］の倭真名は、西域の鎮守役を担っていた天空人の支族ですから、監空だと考えられます（表―50）。

烏桓は、陳寿の表した三國志、魏書、烏丸鮮卑東夷傳第三十の表題になった東夷の国です。三國志では、烏桓を烏丸と書いています。後に書かれた後漢書の中では、そのまま烏桓となっ

ています。また、漢書の中でも地理志には烏丸と書かれていま
す。烏桓でも烏丸でも、何方でも良いようです。
後漢書の伝えるところでは、前漢の初期に冒頓単于が滅ぼし
た、東胡の支族のようで、前漢のときには匈奴の臣下であった
ようです。
烏桓の烏の字は、もちろん倭訓が［からす］ですから、倭
音は［カ］で、倭真名は監の字です。烏桓の桓の字は、倭訓
に［めぐる］があるので、回の字と同義です。回の字は倭訓に
［まわる］があるので、同義遷訓法則から、倭音は［マ］だと
考えられます。
烏桓もまた、［カマ］で、監空です。三國志では、烏桓を
烏丸と書いていますが、丸の字は倭訓が［まる］で、倭音は
［マ］ですから、烏桓と烏丸は、倭仮名が桓と丸で違いますが、
同じ声音で、同じ意味です（表－51）。
どうも、単于の補佐の任務にある人や氏族を、何でも監の字
を付けて呼ぶものだから、104羽ものカラスが匈奴の天空世

表-50 烏孫

音、訓、万葉仮名	倭真名	声音	倭仮名	音、訓、万葉仮名
ケン（呉）、**カ**ン（漢）、**か**んがみる、みる、み甲（仮）	監	カ	烏	ウ（呉）、オ（漢）、**か**らす、いずくんぞ、なんぞ、う（仮）
クウ（呉）、コウ（漢）、そら、から、あく、むなしい、うつ、**ま**（間、同義遷訓）	空	マ	孫	ソン（呉）（漢）、**ま**ご

界を飛び回ることになったようです。

カラスと言う鳥は、「カーカー」と鳴きますが、匈奴のカラスは「監々」と鳴いていたようです。

監空は、天空の宰補者で、王を意味する言葉のようです。

◇頭曼単于

頭曼単于は、冒頓単于の父親です。監空が、天空の宰補者で、王を意味する言葉だとすると、頭曼単于も王でしょうか。頭曼の頭の字は倭訓に［かしら］があるので、倭音の［カ］の可能性があります。頭曼の曼の字は、呉音が［マン］で、これも倭音は［マ］のようです。頭曼もやはり監空で［カマ］であるようです（表ー52）。

［カマ］と言う声音は、すでに解読作業の終わった、魏志倭人伝の中でも、お馴染みの声音です。卑彌呼女王の使者の難升米は［カマコ］で監奴皇です。奴の字は空の字の倭仮名であるこ

表-51　烏桓

音、訓、万葉仮名	倭真名	声音	倭仮名	音、訓、万葉仮名
ケン（呉）、**カ**ン(漢)、**か**んがみる、みる、み甲（仮）	監	カ	烏	ウ（呉）、オ（漢）、**か**らす、いずくんぞ、なんぞ、う（仮）
クウ（呉）、コウ(漢)、そら、から、あく、むなしい、うつ、**ま**（間、同義選訓）	空	マ	桓	ガン（呉）、カン(漢)、めぐる、うれえる、**ま**わる（回、同義選訓）

とが分かっていますので、［カマコ］は監空皇です。そうすると、日本書紀の中臣連鎌子の鎌子も監空皇です。列島でも、大王の宰補の任務にある人や氏族は、代々監の字を付けて呼んでいたようです。

◇匈奴の言語の感想

解読された匈奴の言語と、倭語とに共通する語彙、声音があると言うだけでは、匈奴の言語が倭語であると言うことにはなりません。倭語に匈奴語からの借用語（外来語）が交ざっているると考えても良いでしょう。しかし、事態はもっと意味深いのです。匈奴語では、仮名漢字に充てた声音が、倭語の訓の初頭音節であるところの訓仮名表記の場合が殆《ほとん》どであって、倭語も匈奴語も仮名表記の背後には、倭訓が在るのです。倭語と匈奴語は、仮名の背後にある訓が共通した言語なのです。ですから、匈奴の言語は倭語なのです。

漢書匈奴傳で解読できた倭仮名は、全部で23文字です。そ

表-52　頭曼単于

音、訓、万葉仮名	倭真名	声音	倭仮名	音、訓、万葉仮名
ケン（呉）、**カ**ン（漢）、**か**んがみる、みる、み甲（仮）	監	カ	頭	ズ（呉）、トウ（漢）、あたま、**か**しら、**か**ぶり、こうべ
クウ（呉）、コウ（漢）、そら、から、あく、むなしい、うつ、**ま**（間、同義遷訓）	空	マ	曼	**マ**ン、モン（呉）、バン（漢）、ながい

の内、訓仮名は21／23（91％）、音仮名は2／23（9％）です。魏志倭人伝では、全34文字で、訓仮名24／34（71％）、音仮名13／34（38％）ですから、匈奴語の方が、魏志倭人伝の倭語よりも、倭訓の多い、漢語からの借用語の少ない、より純粋な倭語を使っています。

匈奴は天空で［あま］です。中央アジアから東アジアの広域を覆う、天空人とでも言うような種族があったのです。そして、倭語は天空人の言語です。

今この天空人の地域で独特の言語は、アルタイ諸語と一括されています。アルタイ諸語はさらに、テュルク語族、モンゴル語族、ツングース語族に細分化され、その下に個々の言語が位置づけられます。和語はというと、どこに位置付けてよいか、よくわからない孤立した言語なのだそうです。しかし、和語の祖語にあたる倭語は、天空人の言語です。アルタイ諸語の祖語が、倭語なのでしょうか。和語とアルタイ諸語の各言語は、文法や造語法なんかは似ているのだそうですが、何しろ、語彙の声音が大きく違っていて、あまり似ていないのだそうです。専門違いの私としては、こう言う問題に対して如何立ち向かえばよいか。おそらく、自然科学の常道としては、倭語からアルタイ諸語への、語彙声音の変遷の法則を言い当てれば良いと思います。この方向、今後、試してみたいと思います。

解読を進めて行くと、段々と、視界が開けてきて、楽しくなってくるのですが、一方では、悩ましいところもあります。それは匈奴と倭國では、文化風習が違いすぎるところです。遊牧生活をする胡服騎射の民の匈奴と、牛馬なしで単被を着て裸足で水田耕作をする倭人は、どう見ても同じ民族には見えません。

倭人の風俗は、陳寿が魏志倭人伝で書いているように、華南の會稽東冶のものでしょう。しかし、言語は北方の匈奴天空人です。この辻褄を合わせようとすると、匈奴より更に昔に、倭語の分布が華南の會稽東冶の辺りまで広がっていた、と考えるより策が無さそうです。そう考えると、陳寿が魏志倭人伝の中で、『夏后少康之子封於會稽、斷髪文身以避蛟龍之害。』と書いているのは、華南の會稽あたりの言語が、かつては倭語だと言っているのかも知れません。これは可能性があります。「要、確認」です。

風俗の方は、おそらく南方の天空人が先に列島に遣ってきて、後に半島経由で北方の天空人と、漢人の一派の秦人が入ってきて、重層したのだろうと思われます。

通説では、稲作が貧富の差を生み、農業集落が集まって小国を造り、首長が生まれ、さらに小国同士が争って統合されて、王が生まれ国が出来た、と考えるようです。しかし、魏志倭人伝の倭人たちでは、その状態は、既に過去のことであったようで、秦人が入ってきて宰補役を演じ、政治機構らしきものが出来ています。

統合された国も必ず分裂します。それは、王の寿命もあまり長くはないし、子供も沢山出来るから、権力を集中し続けること自体、大変な努力が必要です。おそらく、魏志倭人伝は、そうして分裂した国の再統合の過程の一場面を書いていると思われます。

文化風習の違いばかりが目に付きますが、一方では似たところも有ります。紀元前116年の記事では、漢の武帝が、匈奴の烏維單于に使者を遣わします。使者の名は王烏です。カラスのところにカラスが遣って来るという、可笑しな取り合わせです。

『漢使王烏等闚匈奴。匈奴法，漢使不去節，不以墨黥其面，不得入穹廬。王烏，北地人，習胡俗，去其節，黥面入廬。單于愛之，陽許曰：「吾為遣其太子入質於漢，以求和親。」』

王烏は入れ墨をしていなかったので、最初は穹廬（モンゴル語のゲル、單于のテント）に入れてもらえませんでした。魏志倭人伝では、倭人は皆、黥面文身していると言っていますが、これは、華南の風習でもあり、大陸北方の胡俗でもあったようです。

前漢の中期になると、武帝（孝武帝）は匈奴に対して攻勢に転じ、漢と匈奴の力関係は逆転します。さらに傘下の諸族の離反も相次ぎ、内紛も手伝って匈奴は弱体化していきます。そして西暦48年、匈奴は南匈奴と北匈奴に分裂し、南匈奴は後漢の後押しを受けて、漢人に同化しながら、その後も存続します。北匈奴は、後漢と南匈奴に討たれて衰退し、更に東胡の生き残りとされる鮮卑にも敗れ、最後は後漢と南匈奴の連合軍に敗れ、姿を消します。西暦91年のことです。

そのころ、匈奴と同じ倭語を使う列島の倭人が、匈奴と同じ天空を意味する奴國と名乗って、後漢に朝貢します。西暦57年のことです。後漢の初代、光武帝はこれに対し『漢委奴國王』の金印を与えます。

ついこの間、新聞紙上に『国宝「金印」は本物？』と題した特集記事が掲載されました（2017年10月22日付『朝日新聞』）。金印の真贋論争に決着をつけるシンポジウムが開催されると言うので、その内容の紹介記事です。その中で「真印説」を擁護する新説、大塚紀宣先生の改変説を紹介しています。金印の紐はヘビにしてはなにか不自然で、もともとはラクダだったと言うのです。後漢帝国が北方の民向けにラクダ印を用意したが、倭が南方にあることに気づいて、急きょヘビの紐に作り替えた、と言うことのようです。見た途端に、笑える記事です。匈奴と同じ倭語で、天空と名乗って遣って来た倭人たちを、後漢側では匈奴の分派だと思ったようです。そう考えると、金印の改変説は説得力が有ります。

五帝夏后の言語

史記や漢書の匈奴列傳、匈奴傳では、『匈奴，其先夏后氏之苗裔，曰淳維。唐虞以上有山戎、獫允、薫粥，居于北邊，随草畜牧而轉移。』と書いています。唐虞は、史記の五帝本紀に出てくる帝堯と帝舜のことです。帝堯の國號は陶唐です。帝舜の國號は有虞です。二つを合わせて唐虞です。

帝舜の次に帝禹が即位します。帝禹の國號が夏后で、帝禹以降は國號をそのまま姓として、夏后氏と言っていたようです。帝禹の時代は紀元前２０００年頃の大昔と言われています。そんな昔に、漢字があった筈はないのですが、史記の古代の物語の中には、漢字を仮名遣いした、倭語が多く出て来ます。夏后の時代は、史記の夏本紀に出てきます。

史記の本紀は五帝本紀、夏本紀、殷本紀、周本紀、秦本紀、秦始皇帝本紀、項羽本紀、高祖本紀、呂太后本紀、孝文本紀、孝景本紀と続き、最後は孝武本紀で、前漢中期の武帝（孝武）の時代で終わります。そのうち殷本紀と周本紀と秦本紀の書き出しの最初の部分は、五帝時代や夏后の時代の伝説の王朝時代のことを書いています。淳維［あつ］が夏后氏の苗裔であれば、五帝時代、夏后時代、それから殷と周の初期には、敦［あつ］や天空［あま］が沢山出てくる筈です。

◇有熊

五帝本紀は『黄帝者，少典之子，姓公孫，名曰軒轅。』から始まります。黄帝は中国最初の王朝の大王です。

また五帝本紀の終わりには、氏姓と国名の関係をまとめています。『自黄帝至舜、禹，皆同姓而異其國號，以章明德。故黄帝爲有熊，帝顓頊爲高陽，帝嚳爲高辛，帝堯爲陶唐，帝舜爲有虞。帝禹爲夏后而別氏，姓姒氏。契爲商，姓子氏。弃爲周，姓姫氏。』

最初の大王の黄帝の国名は『有熊』です。有熊の字義を考えても、何故これが最初の国名なのか、理解できません。しかし、これが倭仮名だと思えば理解は簡単です。有の字の倭訓に［あり］［ある］が有り、初頭音節の［あ］は有の字の声音の候補です。熊の字の倭訓は［くま］です。初頭音節の［く］は熊の字の声音の候補です。有熊と綴ると［あく］です。

有熊が最初の王朝の国名だとすると、［あく］の倭真名は開の字か、

表-53　有熊

音、訓、万葉仮名	倭真名	声音	倭仮名	音、訓、万葉仮名
ミョウ（呉）、メイ（漢）、ミン（唐）、**あく**、あかるい、あきらか、あける、あけ	明	ア	有	ウ（呉）、ユウ（漢）、**あ**り、**あ**る、もつ、う（仮）
		ク	熊	ウ（呉）、ユウ（漢）、**く**ま

明の字です。「開《あ》く」または「明《あ》く」は最初の意味です（表－53）。

五帝時代まで遡っても、倭音の法則は成り立つようです。有の字の倭音は［あ］のようです。これは重要な情報です。有の字の付いた単語は、五帝本紀、夏本紀、殷本紀、周本紀の中に沢山出て来ます。有の字の付いた名前を当たっていけば、匈奴の氏姓の敦（淳維）に出会える筈です。

◇有扈氏

夏本紀は『夏后帝啓，禹之子，其母塗山氏之女也。有扈氏不服，啓伐之，大戰於甘。』と言っています。夏后の初代は帝禹で二代目は帝啓ですが、二代目の即位に有扈氏が反対で、帝啓が有扈氏を討伐して、甘という所で大戦したのだそうです。

有扈氏は夏本紀の最後に置かれた『太史公曰』で始まる、編著者の司馬遷の「まとめ」の部分にも出て来ます。『禹爲姒姓，其後分封，用國爲姓，故有夏后氏、有扈氏、有男氏、斟尋氏、尋城氏、褒氏、費氏、杞氏、繒氏、辛氏、冥氏、斟戈氏。』帝禹以降は分封した国名を姓としたとして、夏后氏の傘下にあった十一姓氏を挙げています。その中に有扈氏もあります。

有扈氏の有の字は、黄帝の有熊と同じで、倭仮名の［あ］です。扈の字は、倭訓に「したがう」や［つきそう］が有り、倭音の候補は、［し］か［つ］だと思われます。［し］なら有扈は［あし］ですが、［あし］は「悪《あ》し」で、これは国名には有り得ないと思います。やはり有扈は［あつ］で敦の字でしょう（表－54）。

一つ目の敦氏です。

◇有娀氏

有娀氏は殷本紀に出てくる氏姓です。『殷契，母曰簡狄，有娀氏之女，為帝嚳次妃。三人行浴，見玄鳥墮其卵，簡狄取呑之，因孕生契。』殷の始祖の契は、母親が簡狄です。簡狄は有娀氏の娘で、五帝の帝嚳の次妃です。

殷本紀には次のような一節も有ります。『桀敗於有娀之虛，桀奔於鳴條，夏師敗績。』帝桀は夏后の最後の大王です。殷の天乙は、夏后の帝桀を攻撃、帝桀は有娀の大きな丘で敗れた。帝桀は鳴條に逃れ、夏后の軍は敗北した。この戦いは鳴條の戦いと呼ばれています。天乙

表-54　有扈

音、訓、万葉仮名	倭真名	声音	倭仮名	音、訓、万葉仮名
タイ、トン（呉）（漢）、のぶ、つる、**あつ**し、のり、**あつ**い	敦	ア	有	ウ（呉）、ユウ（漢）、**あ**り、**あ**る、もつ、う（仮）
		ツ	扈	グ、ゴ（呉）、コ（漢）、したがう、**つ**きそう、はびこる、ひろい

は殷朝の初代で、成湯とか武王とか湯王とか色々に呼ばれる有名な王です。

有娀氏の有の字は、黄帝の有熊と同じで、倭仮名の［あ］です。娀の字は辞典には出てこない字ですが、形声文字だと思って、女偏を除いて考えればいいでしょう。倭訓は［えびす］か［つわもの］です。有娀もまた［あつ］でしょう（表−55）。

有娀氏は商朝（殷）の母系をなした氏族で、商朝の故郷の地名でもあります。

これは二つ目の敦氏です。

◇有莘氏

有莘氏も殷本紀に出てくる氏姓です。『伊尹名阿衡。阿衡欲奸湯而無由，乃為有莘氏媵臣，負鼎俎，以滋味說湯，致于王道。』

伊尹は天乙（商朝の初代の湯王）の宰補者です。伊尹は名前を阿衡と言った。阿衡は湯王に取り入ろうとしたが、方法がなかった。そこ

表-55　有娀

音、訓、万葉仮名	倭真名	声音	倭仮名	音、訓、万葉仮名
タイ、トン（呉）（漢）、のぶ、つる、**あつ**し、のり、**あつ**い	敦	ア	有	ウ（呉）、ユウ（漢）、**あ**り、**あ**る、もつ、う（仮）
		ツ	娀	ニュウ（呉）、ジュウ（漢）、えびす、**つ**わもの

で有莘氏の家来《ケライ》となって、大鍋や俎板《まないた》を担いで遣ってきて、まず湯王に御馳走の話から説いて、ついに王道を説くようになった。

ここでは有莘氏は商朝（殷朝）の氏姓のようです。有莘の有の字は、黄帝の有熊と同じで、倭仮名の［あ］です。莘の字は、辛い味の薬草だそうですが、訓読みはよく分かりません。形声文字だと思って、草冠を除いて考えればいいでしょう。倭訓は［からい］か［つらい］です。有莘もまた［あつ］でしょう（表－56）。

有娀氏が商朝（殷）の母系をなした姓氏なのですから、伊尹が取り入った有莘氏と同一姓氏で、同音の［あつ］であって当然です。

これは三つ目の敦氏です。

◇**有部氏**

有部氏は周本紀に出てくる氏姓です。『周后稷，名棄。其母有部氏女，曰姜原。姜原為帝嚳元妃。』周の始祖の后稷は、名前を棄と言った。その母は有部氏の娘で名前を姜原と言った。姜原は帝嚳（五帝の

表-56　有莘氏

音、訓、万葉仮名	倭真名	声音	倭仮名	音、訓、万葉仮名
タイ、トン（呉）（漢）、のぶ、つる、**あつ**し、のり、**あつ**い	敦	ア	有	ウ（呉）、ユウ（漢）、**あ**り、**あ**る、もつ、う（仮）
		ツ	莘	シン（呉）（漢）、からい、からし、かろうじて、**つ**らい、かのと

三番目）の元妃である。

有部氏の有の字は、黄帝の有熊と同じで、倭仮名の［あ］です。部の字の倭訓は、［うてな］［しもべ］［つかさ］［ゆろこぶ］［われ］と多いのですが、その中に［つ］で始まる［つかさ］があります。有部もまた［あつ］でしょう（表－57）。

有部氏は周朝の母系をなした氏姓です。
これは四つ目の敦氏です。

◇昌僕

『黄帝居軒轅之丘，而娶於西陵之女，是爲嫘祖。嫘祖爲黄帝正妃，生二子，其後皆有天下：其一曰玄囂，是爲青陽，青陽降居江水；其二曰昌意，降居若水。昌意娶蜀山氏女，曰昌僕，生高陽，高陽有聖悳焉。黄帝崩，葬橋山。其孫昌意之子高陽立，是爲帝顓頊也。』

黄帝の子の二番目が昌意で、昌意の妻が昌僕です。昌僕が生んだ高陽が、黄帝の後を継いで即位し、帝顓頊となりました。

表-57　有部

音、訓、万葉仮名	倭真名	声音	倭仮名	音、訓、万葉仮名
タイ、トン（呉）（漢）、のぶ、つる、**あつ**し、のり、**あつ**い	敦	ア	有	ウ（呉）、ユウ（漢）、**あ**り、**あ**る、もつ、う（仮）
		ツ	部	ダイ、タイ（呉）、タイ（漢）、うてな、しもべ、**つ**かさ、ゆろこぶ、われ

昌僕には、倭仮名の［あ］である有の字を含みません。しかし、昌の字には、倭訓に［あきらか］があり、僕の字には倭訓に［つかさどる］があるので、両方の初頭音節を取ると［あつ］になります（表－58）。

五帝本紀では、昌僕が帝顓頊を生み、帝顓頊の子が鯀、鯀の子が夏后の初代の帝禹であると言っていて、昌僕はその後の夏后の主幹となった母系です。

これは五つ目の敦氏です。

◇**阿衡**

阿衡は殷本紀に出てくる、伊尹と言う人物の字名《あざな》です。殷（商）朝の初代となった天乙（湯王）の宰補者です。先にも有莘氏（敦氏）のところで引用したように、『伊尹名阿衡。阿衡欲奸湯而無由，乃為有莘氏媵臣，負鼎俎，以滋味說湯，致于王道。』と書かれていて、天乙に取り入るため有莘氏（敦氏）の家来になります。

表-58　昌僕

音、訓、万葉仮名	倭真名	声音	倭仮名	音、訓、万葉仮名
タイ、トン（呉）（漢）、のぶ、つる、**あつ**し、のり、**あつ**い	敦	ア	昌	ショウ（呉）（漢）、さかん、**あ**きらか、よし
		ツ	僕	ボク（呉）、ホク（漢）、しもべ、やつがれ、**つ**かさどる

阿衡の阿の字は、もうお馴染みの［あ］でしょう。阿衡の衡の字は、倭訓の中に［つのぎ］があるので、倭音は［つ］でしょうか。阿衡は［あつ］で敦の字の倭仮名表記のようです。天乙に取り入るため有莘氏（敦氏）の家来になったので、字名が敦氏と言うようです（表−59）。

昌僕に続いて阿衡にも、倭仮名の［あ］である有の字を含みませんが、［あ］の仮名は色々な文字に打ち回されています。これは六つ目の敦氏です。

匈奴列傳で『匈奴，其先夏后氏之苗裔，曰淳維。』と言って、敦（淳維）は夏后氏の末裔としていますが、五帝本紀、夏本紀、殷本紀、周本紀では、敦氏は夏后氏の末裔どころではなく、古代中国王統の母系となった氏姓として描かれていて、敦氏だらけです。このころ天空人は最大メジャーだったようです。

しかし何故、最大メジャーの姓氏を敦氏と言うのか。『有土德之瑞，故號黃帝。』土德の瑞兆があったので、黄帝と称号した。黄帝

表-59　阿衡

音、訓、万葉仮名	倭真名	声音	倭仮名	音、訓、万葉仮名
タイ、トン（呉）（漢）、のぶ、つる、**あつ**し、のり、**あつ**い	敦	ア	阿	**ア**（呉）（漢）、きた、おか、**あ**わ、**あ**ず、ほとり、おもねる、な、くま、**あ**（仮）
		ツ	衡	ギョウ（呉）、コウ（漢）、くびき、はかり、たいらか、ひら、**つ**のぎ、よこぎ

の黄は、土の黄色であるし、大地の徳（恵み）のことが敦氏の敦なのだと思われます。

今のところ、［あ］で始まる姓氏だけですが、五帝本紀、夏本紀、殷本紀、周本紀にはかなり大量の倭語が含まれるようです。これからそれを掘り起こそうと思います。

◇有虞

有の字は倭仮名の［あ］です。既に黄帝の有熊が［あく］、有扈氏、有娀氏、有莘氏、有郜氏が敦［あつ］氏であったのですが、有の字の付く名称は他に二つ有ります。有虞と有男がこれまでの解読から漏れています。

『自黄帝至舜、禹，皆同姓而異其國號，以章明德。故黄帝爲有熊，帝顓頊爲高陽，帝嚳爲高辛，帝堯爲陶唐，帝舜爲有虞。帝禹爲夏后而別氏，姓姒氏。契爲商，姓子氏。弃爲周，姓姫氏。』

有虞は帝舜の國號です。

『虞舜者，名曰重華。重華父曰瞽叟，瞽叟父曰橋牛，橋牛父曰句望，句望父曰敬康，敬康父曰窮蟬，窮蟬父曰帝顓頊，顓頊父曰昌意：以至舜七世矣。自從窮蟬以至帝舜，皆微爲庶人。』昌意は帝顓頊の父で、既に出てきた昌僕［あつ］の夫です。昌意の父は黄帝ですから、帝舜はかなりの程度に王統から遠縁の人だったのでしょう。それを『庶人』と言っているようです。

有虞の有の字は、黄帝の有熊と同じで、倭仮名の［あ］です。有虞の虞の字の倭訓に［おそれ］や［おもんぱかる］があるので、おそらく倭音は［お］ではないでしょうか。有虞は［あお］でしょうか。［あお］はおそらく青の字でしょう。［あお］は見合わせる方の意味がよく分からないのですが、おそらく天空の青い色のことを言っているのでしょう（表－60）。

これは一つ目の青です。

◇有男氏

有男氏は、既に引用したもので、夏本紀の最後に置かれた『太史公曰』『禹爲姒姓，其後分封，用國爲姓，故有夏后氏、有扈氏、有男氏、斟尋氏、尋城氏、褒氏、費氏、杞氏、繒氏、辛氏、冥氏、斟戈氏。』の中にあります。

有男氏の有の字は、黄帝の有熊と同じで、倭仮名の［あ］です。有男氏の男の字の倭訓に［おとこ］や［おのこ］があるの

表-60　有虞

音、訓、万葉仮名	倭真名	声音	倭仮名	音、訓、万葉仮名
ショウ（呉）、セイ（漢）、**あお**	青	ア	有	ウ（呉）、ユウ（漢）、**あ**り、**あ**る、もつ、う（仮）
		オ	虞	グ（呉）（漢）、**お**それ、うれえる、**お**もんぱかる、いましめ、たのしむ、あやまる、もとる、そむく、だます、あざむく

で、おそらく倭音は［お］ではないでしょうか。
有男もまた［あお］です（表ー61）。

これは二つ目の青で、姓氏を国号にしていたのですから青氏で青国です。

◇昌意

昌意は黄帝の子で、すでに出てきた昌僕［あつ］の夫で、五帝の二番目の帝顓頊の父です。

ここでは有の字を使っていませんが、昌僕［あつ］の昌の字が［あ］だったのですから、昌意の昌の字も［あ］でしょう。昌意の意の字は、倭訓に［おもう］があるので、倭音は［お］でしょう（表ー62）。

これは三つ目の青です。

表-61　有男

音、訓、万葉仮名	倭真名	声音	倭仮名	音、訓、万葉仮名
ショウ（呉）、セイ（漢）、**あお**	青	ア	有	ウ（呉）、ユウ（漢）、**あ**り、**あ**る、もつ、う（仮）
		オ	男	ナン（呉）、ダン（漢）、**お**とこ、**お**のこ、むすこ、な（仮）

表-62　昌意

音、訓、万葉仮名	倭真名	声音	倭仮名	音、訓、万葉仮名
ショウ（呉）、セイ（漢）、**あお**	青	ア	昌	ショウ（呉）（漢）、さかん、**あ**きらか、よし
		オ	意	イ（呉）（漢）、**お**もう、こころ、わけ、**お**（仮）

◇文祖

文祖は五帝の初代、黄帝の諱名だと考えられます。『舜受終於文祖。文祖者，堯大祖也。』帝舜は文祖の霊廟で帝位を受けた。文祖は帝堯の大祖である。

ここでも有の字を使っていませんが、文祖の文の字は倭訓に［あや］が有り、文祖の祖の字は倭訓に［おや］が有るので、文祖も［あお］であるようです（表-63）。

これは四つ目の青です。

◇文命

『夏禹，名曰文命。』文命は夏朝の初代の帝禹です。ここでも有の字を使っていませんが、文命の文の字は倭訓に［あや］が有り、文命の命の字は倭訓に［おおせ］が有るので、文命も［あお］であるようです。帝禹は名前が青［あお］で、帝禹の先代の帝舜は国号が青［あ

表-63　文祖

音、訓、万葉仮名	倭真名	声音	倭仮名	音、訓、万葉仮名
ショウ（呉）、セイ（漢）、**あお**	青	ア	文	モン（呉）、ブン（漢）、ふみ、**あ**や、かざる、も乙（仮）、ぶ（仮）
		オ	祖	ソ（呉）（漢）、**お**や、じじ、はじめ、そ甲（仮）

お」と言うことになります（表－64）。

これは五つ目の青です。

ここまで、有虞、有男、昌意、文祖、文命と、青［あお］と読める単語が出てきているのですが、誰のことを言っているのか分からない有男を除いて、残る四つは全て大王または大王の子供で、男性の名前や国号です。どうも青［あお］は、単純に空の青い色と言うのではなく、王位を絡《から》めた呼び方のようです。

◇朕虞

五帝本紀は『舜曰：「誰能馴予上下草木鳥獸？」皆曰益可。於是以益爲朕虞。』と書いています。帝舜が「天上天下の草木や鳥獣に教えを授けることの出来る者はないか」と言うと、大臣たちは「益が宜しかろう」と答えた。そこで、益を朕虞とした。

また夏本紀は『十年，帝禹東巡狩，至于會稽而崩。以天下授

表-64　文命

音、訓、万葉仮名	倭真名	声音	倭仮名	音、訓、万葉仮名
ショウ（呉）、セイ（漢）、**あお**	青	ア	文	モン（呉）、ブン（漢）、ふみ、**あ**や、かざる、も乙（仮）、ぶ（仮）
		オ	命	ミョウ（呉）、メイ（漢）、いのち、**お**おせ、みこと

益。三年之喪畢，益譲帝禹之子啓，而辟居箕山之陽。』と書いています。帝禹の十年、帝禹は東方を巡狩し、會稽で崩御した。これにより、天下は益に授けられた。三年の喪が明け、益は帝禹の子の啓に帝位を譲り、箕山の南面に隠棲した。

こう言う話なので、朕虞とは、次期の大王となるべき太子の地位のことである、と理解できます。

朕虞の朕の字は、倭訓に［あれ］が有り、朕虞の虞の字は、倭訓に［おそれ］［おもんぱかる］が有るので、これも青［あお］のようです（表-65）。

これは六つ目の青です。

ここに来て、青は大王の後継者で太子の意味を含むらしいことが、分かります。

◇天乙

天乙は、鳴條の戦いで、夏朝最後の大王の帝桀を破って帝位

表-65　朕虞

音、訓、万葉仮名	倭真名	声音	倭仮名	音、訓、万葉仮名
ショウ（呉）、セイ（漢）、**あお**	青	ア	朕	ジン（呉）、チン（漢）、われ、**あ**れ、きざし
		オ	虞	グ（呉）（漢）、**お**それ、うれえる、**お**もんぱかる、いましめ、たのしむ、あやまる、もとる、そむく、だます、あざむく

に就いた、殷（商）朝の初代です。紀元前1600年頃の昔で、おそらく漢字もまだ無い時代です。

天乙の天の字はそのまま天空の意味に取れるので、真名ではないかと考えられます。天乙の乙の字は、十干の甲乙丙丁戊己庚辛壬癸の二番目なので、大王に次ぐ二番目で、太子を意味する、真名であると考えられます。天乙の即位記事は『主癸卒，子天乙立，是為成湯。』と書いています。天乙はおそらく天神（天空）の跡継ぎなのでしょう。

次は天乙を倭音でどう読むかです。天乙の天の字は倭訓が［あめ］ですから、倭音は［あ］でしょう。天乙の乙の字は倭訓が［おと］ですから、倭音は［お］でしょう。天乙の倭語は［あお］です（表-66）。

天空は大地を覆う神であり、また大王である。青は天空のシンボルカラーであり、大王の子、神の子である。幾つものイメージを積み重ねて、成湯は天乙と呼ばれたのです。

これは七つ目の青です。

天空の青と大地の敦、これは史記の述べる、古代王統を貫く二大概

表-66　天乙

音、訓、万葉仮名	倭真名	声音	倭仮名	音、訓、万葉仮名
あお（青）	天	ア	（天）	テン（呉）（漢）、**あ**ま、**あ**め
	乙	オ	（乙）	**オ**ツ、**オ**チ（呉）、イツ（漢）、きのと、**お**と

注）倭仮名欄の（ ）書きは、真名。

念のようです。匈奴は、天空［あま］で、且つ敦［あつ］（淳維）ですから、天空と大地の両方の、当時としては全宇宙の大王を自称していたものと思われます。大漢帝国も匈奴から見れば、地方だったようです。

◇夏后

夏本紀の末尾に司馬遷先生が氏姓についての知見をまとめています。

『太史公曰：禹爲姒姓，其後分封，用國爲姓，故有夏后氏、有扈氏、有男氏、斟尋氏、尋城氏、褒氏、費氏、杞氏、繒氏、辛氏、冥氏、斟戈氏』

五帝時代は黄帝、帝顓頊、帝嚳、帝摯、帝堯、帝舜の六代で、その次に禹が続きます。五帝時代なのに六代の帝が立っていますが、帝摯は早死にしたらしいので、それで五帝なのでしょう。帝禹は姒姓ですが、それから後は国號、姓ともに夏后であって、他の十一姓の上に立つ大王《ダイオウ》であったようです。

ですから夏后の意味は大王です。夏の字の倭訓には［なつ］の他に

表-67　夏后

音、訓、万葉仮名	倭真名	声音	倭仮名	音、訓、万葉仮名
おおきみ（大王）	夏	おお	（夏）	グ（呉）、カ（漢）、なつ、**おお**きい、さかん
	后	きみ	（后）	グ（呉）、コウ（漢）、きさき、**きみ**、のち、うしろ

注）倭仮名欄の（ ）書きは、真名。

［おおきい］［さかん］があります。后の字の倭訓は［きさき］［きみ］［のち］［うしろ］です。夏の字を［おお］と読み、后の字を［きみ］と読めば、夏后はそのまま［おおきみ］で大王の意味になります。ですから、夏后は倭真名表記だと考えられます。結果は表－67です。

◇商

国号の商は殷の別の言い方です。

商の字には、倭訓に［あきなう］［あきない］があり、語幹は［あき］です。商の字は二音節仮名ではないでしょうか。［あき］は既出で、敦煌です。

こう言う読み方は、単なる語呂合わせで、意味との突き合わせが無いので、信頼性に欠けると、批判を受けるかもしれませんが、ここまでの解読の流れをよく見て下さい。父系の王は全て青［あお］で、母系は全て敦［あつ］です。殷（商）朝も母系は敦［あつ］から始まっています。敦煌［あき］とは、敦［あつ］の徳が輝くところなのですから、殷（商）朝の首都の意味になるのです（表－68）。

表-68　商

音、訓、万葉仮名	倭真名	声音	倭仮名	音、訓、万葉仮名
あき	敦煌	アキ	商	ショウ（呉）（漢）、あき、あきなう、あきない

◇伊尹

伊尹は殷（商）朝初代の天乙［あお］の宰補者です。紀元前1600年頃の昔で、おそらく漢字もまだ無い時代です。

既に出てきたように、字名の阿衡は敦［あつ］です。どうも伊尹は殷の宰補者をそのまま名前にしているようです。伊は監［カ］です。また殷の字にも、尹の字にも音読みに［イン］があり、同音です。しかし［イン］は閉音節で、倭音の開音節では［イ］でしょう。伊尹は監殷で［カイ］であるようです（表-69）。

この伊尹［かい］は、名宰相の代名詞のように扱われ、後の世にも［カイ］の音写であると思える人物が出て来ます。『先従隗始』「まず隗《カイ》より始めよ」これは史記の燕召公世家の中に出て来ます。春秋戦国時代に、隣国の齊との争いで劣勢であった燕の昭王が、宰相の郭隗に戦略を問うたところ、郭隗が『王必欲致士，先従隗始。況賢於隗者，豈遠千里哉！』と献策したのだそうです。故事で四字熟語扱いされる有名な句ですが、その隗が

表-69　伊尹

音、訓、万葉仮名	倭真名	声音	倭仮名	音、訓、万葉仮名
ケン（呉）、**カ**ン（漢）、**か**んがみる、みる、み甲(仮)	監	カ	伊	イ（呉）（漢）、**か**れ、これ、ただ、い(仮)
エン、オン（呉）、アン、**イ**ン（漢）、あかい、おおい、さかん、にぎやか、ねんごろ、ゆたか	殷	イ	尹	**イ**ン（呉）（漢）、おさ、ただす、ちか

できています。

史記の記述は、あちらこちらに倭音が介在し、倭語を仲介して全体の整合性が取れるように［カイ］で伊尹［かい］の音写です。

◇后稷、弃、棄

史記の周本紀の冒頭に出てくる后稷は、周朝の始祖です。母は有部［あつ］氏の女で名は姜原です。姜原は五帝時代の帝嚳の正妃です。

史記の五帝本紀では、后稷は帝舜から百穀を播くように命令されており、舜朝の農業大臣の任にあった人物です。稷の字の倭訓は［きび］で、稷は華北平原の主要な農産物、穀物です。意味から見て稷は真名です。后稷は倭訓が［きみきび］、倭音では［きき］です。

后稷には別名があり、弃とか、棄とか書かれています。弃の字は棄の字の異字体で、何方も呉音漢音ともに［キ］、倭訓は［すてる］です。この弃、棄の名前には、由来話が付随していて、生まれた時に捨て子にされたので、棄の名前が付いたようです。ですから弃、棄は真名です。

これで無理に解読表を書くと、表-70のようになります。

可笑しな解読表です。弃棄も真名、后稷も真名ですが、声音は［きき］で一致し、意味の上では全く違い、イメージの被《かぶ》りは有りません。おそらく何方か一方の意味と声音が先に在って、もう一方はその音声表記（音写）として発生し、後から物語の意味付けが為《な》された、と見るべきです。

何方が前で、何方が後でしょうか。后稷の［キキ］が前の筈です。弃棄は、声音は同じ［キキ］ですが、漢語の意味と声音が直結している。それに対し、后稷の［キキ］は、背後に［きみ］や［きび］の倭語が有り、その初頭音節として［キキ］なのです。后稷の方が語呂合わせ、意味合わせの連鎖が一段深いのです。このような命名は簡単に出来ることではありません。ですから弃棄の捨て子話は、後からの作り話です。弃や棄は、后稷［きき］の音写です。ただの仮名であった物に、時間がたてば、字義からの連想で色々と尾鰭が付いて、歴史書に説話が収録されてくるので、ここは要注意です。

音写ではあっても、この［キ］の声音は、大きな展開をします。

表-70　后稷、弃、棄

音、訓、万葉仮名	倭真名	声音	倭仮名	音、訓、万葉仮名
グ（呉）、コウ（漢）、きさき、**き**み、のち、うしろ	后	キ	弃	**キ**（呉）（漢）、すてる
ソク（呉）、ショク（漢）、**き**び	稷	キ	棄	**キ**（呉）（漢）、すてる

◇姫氏

姫は周朝の国姓です。姫の字は、呉音、漢音、共に［キ］で、弃や棄や后稷の声音の［キ］に一致します（表－71）。

周朝は大王の一族を各地に分封します。その為に、次の時代の春秋戦国時代には、多くの国が姫姓を名乗ります。姫［キ］の大増殖で、これらの国々は、纏めて諸姫國と言われています。

◇周

周朝は、夏朝、殷（商）朝の後を受けた大王国です。周の建国は紀元前1100年ころのことで、建国の頃には既に漢字は発明されています。

周の字の倭訓に［あまねく］が在って、二音節仮名だとして［あま］、倭真名は天空ではないでしょうか。

しかし周の字は本当に倭仮名でしょうか。［あまねく］は「全て」の意味ですが、倭真名とした天空だって「大地の全てを覆いつくす」のでしょ

表-71　姫氏

音、訓、万葉仮名	倭真名	声音	倭仮名	音、訓、万葉仮名
きき	后稷	キ	姫	キ（呉）（漢）、ひめ

うから、天空と周は同義語で何方も倭真名でしょう。天空は周の語源であると思われます（表-72）。

◇古公亶父

古公亶父は、周朝初代の武王の曾祖父です。武王の即位、周の建国は紀元前1100年ころのことですから、その少し前の紀元前1200年ころの人物です。

『古公有長子曰太伯，次曰虞仲。太姜生少子季歴，季歴娶太任，皆賢婦人，生昌，有聖瑞。古公曰：「我世當有興者，其在昌乎？」長子太伯、虞仲知古公欲立季歴以傳昌，乃二人亡如荊蠻，文身斷髪，以讓季歴。』

古公亶父には太伯、虞仲、季歴の三人の息子があります。末子の季歴の子は昌（文王）です。昌が生まれるとき聖瑞があり、古公亶父は昌に繋《つな》ぐ為に、季歴に跡を取らせたいと考えたのだそうです。そのことを知った長男の太伯と次男の虞仲は、季歴に継がせる為に南の荊蛮の地に出奔した。

古公亶父の後は季歴が継ぎ、季歴の後は昌（文王）が継ぎ、文王の後は發（武王）が継ぎます。武王は、商朝最後の帝辛（紂王）を牧野の戦いで

表-72　周

音、訓、万葉仮名	倭真名	声音	倭仮名	音、訓、万葉仮名
あま	天	アマ	周	シュ、ス（呉）、シュウ（漢）、**あま**ねく、まわる、めぐる
	空			

破り、周王朝を建てます。

古公亶父の亶の字ですが、この字の倭訓には［あつい］が有ります。亶の字は敦の字と同義です。亶は［あつ］で、敦の別表現です（表-73）。

敦［あつ］は、連綿と繋がっていきます。古公亶父の末子は季歴で、季歴の子が昌（文王）です。昌の字は、倭訓に［あき］があり、これは敦煌［あき］でしょう。

◇斟尋氏

斟尋氏は、既に引用したもので、夏本紀の最後に置かれた『太史公曰』『禹爲姒姓，其後分封，用國爲姓，故有夏后氏、有扈氏、有男氏、斟尋氏、尋城氏、褒氏、費氏、杞氏、繒氏、辛氏、冥氏、斟戈氏。』の中にあります。

夏后氏の下には十一姓氏が在る計算です。この十一氏の中に主だった姓氏が皆入っていなければ、司馬遷の歴史認識は自己破綻していると言うこ

表-73　古公亶父

音、訓、万葉仮名	倭真名	声音	倭仮名	音、訓、万葉仮名
あつ	敦	アツ	亶	ゼン（呉）、セン（漢）、タン（呉）（漢）、**あつ**い、まほしい、まこと、もっぱら

とですが、そんな馬鹿な話はまずありえません。歴史的真実かどうかは別にして、正史を編纂するような偉い先生は、著作の全体に対して統一的な物の見方、辻褄合わせを必ずしています。口から出まかせは、まず在りません。

見たところ、夏后時代に夏后の下に在った筈の殷（商）の子氏や商氏は在りません。また周の姫氏も有りません。これは有扈［あつ］氏、有男［あお］氏で代替されていると考えられます。

史記の本紀では、夏本紀、殷本紀、周本紀の次の本紀は秦本紀です。この秦も夏后氏の下の十一姓氏の中に在る筈です。

秦本紀は『秦之先，帝顓頊之苗裔孫曰女修。女修織，玄鳥隕卵，女修呑之，生子大業。大業取少典之子，曰女華。女華生大費，與禹平水土。』で始まります。

「秦は帝顓頊の一族の末裔の女修から始まる。女修は織姫で、玄鳥（燕）の落とした卵を呑み込んで大業を生んだ。大業は少典の子の女華を娶って、大費を生んだ。女華の生んだ大費は帝禹の為に水土を鎮めた。」

見たところ、秦は帝顓頊の後の母系を引いているようで、父系の青［あお］の主系列では無いようです。

斟尋の斟の字は、倭訓に［はかる］があり、尋の字には倭訓に［たずねる］があり、夫々の初頭音節を取って、斟尋が［はた］であるようです。秦の倭訓が［はた］ですから、これが倭真名のようです（表-74）。

夏后を［おおきみ］、商を［あき］、周を［あま］、秦を［はた］、歴代の華夏の王朝には倭訓があるのです。

考えてみると魏志倭人伝では、『其地無牛馬虎豹羊鵲。』と書いているので、列島には牛馬虎豹羊鵲は元々棲息しなかった筈です。それなのに豹を除いて、牛馬虎羊鵲には皆倭訓がある。これらの生物が中国からの輸入生物であれば、漢人の言う通り［ギュウ］［バ］［コ］［ヨウ］［ジャク］で上等だと思うのです。何故に、［うし］［うま］［とら］［ひつじ］［かささぎ］と倭名が在るのか不思議です。列島の倭語はこれらの語彙を大陸で仕込んでから、列島に渡って来たのでしょう。歴代の華夏の王朝の倭名もおそらく同じでしょう。夏后、商、周、秦の国号が出来てから後で、倭人たちは、これらの語彙を持って、列島に渡って来たと考えられます。

表-74　斟尋

音、訓、万葉仮名	倭真名	声音	倭仮名	音、訓、万葉仮名
はた	秦	ハ	斟	シン（呉）（漢）、おし**は**かる、**は**かる、くむ
		タ	尋	ジン（呉）（漢）、**た**ずねる、ひろ

◇尋城氏

斟尋が［はた］と読めると、同じ尋の字を使った、尋城氏は読みやすくなります。尋城の尋の字は［た］に固定されます。もう一つ城の字には、［き］［きづき］などの訓読みがあり倭音は［き］のようです。尋城はおそらく［たき］なのです。

この声音と見合わせる姓氏や国号は、おそらく龍の字だと思います。龍の字に氵《サンズイヘン》偏を付けた瀧の字は倭訓［たき］です。偏が意味を表し、旁が漢語の声音を表すような構成の漢字を形声文字と言います。倭語では、訓読みも形声文字の声音になります。

龍の字の姓氏または国号は、五帝本紀の中に幾つか出て来ます。帝舜の即位の件《くだり》には『而禹、皋陶、契、后稷、伯夷、夔、龍、倕、益、彭祖自堯時而皆舉用，未有分職。』とあり、帝堯の時代には、職掌が決まっていなかったようです。帝舜の時代になって役職が割り振られ『龍主賓客，遠人至』龍は遠方の国の接待役になったようです（表－75）。

表-75　尋城

音、訓、万葉仮名	倭真名	声音	倭仮名	音、訓、万葉仮名
たき	龍	タ	尋	ジン（呉）（漢）、**た**ずねる、ひろ
		キ	城	ジョウ（呉）、セイ（漢）、しろ、**き**、たち、ぜい、すく、しき、ぐすく、ぐしく、くに、がき、なり、いく、**き**ずき、**き**づき、**き**ₑ（仮）

五帝夏后の時代、大陸の華北は、倭語と漢語の混合地帯であったようで、この時代の人や国は、皆、倭語の名前を持っています。漢字は、この倭語と漢語の混合地帯で発明された文字のようで、倭語は大昔から倭仮名表記されていたようです。

◇鬻熊

一方で大陸華南の言語の様子は、史記の本紀の中では、よく分かりません。華南のことを書いているのは、史記の世家の呉太伯世家、楚世家、越王句践世家です。呉の始祖の太伯は、周朝初代の武王の曾祖父である古公亶父の長男です。楚は五帝の二代目の帝顓頊から出ています。越は夏后の帝禹の末裔で、夏后の六代目の帝少康の庶子が會稽に分封されて出来た国です。この帝少康の庶子が會稽に分封された物語は魏志倭人伝にも引用されています。また越は、この地で亡くなった、帝禹の廟（墓）の祭祀を続けた国です。

春秋時代、呉と越が争います。越王の句践に敗れた、呉王の夫差が自殺して、呉が滅びます。紀元前473年のことです。その後の戦国時代、楚の威王の遠征に、越の無彊王が敗北し、処刑されて越も滅びます。紀元前334年のことです。このようにして強大になった楚も秦の将軍の王翦に敗れ（紀元前223年）、秦の統一が完成します。紀元前221年のことです。

この辺りは、歴史物語としては大変面白いし、また「呉越同舟」や「臥薪嘗胆」などの有名な逸話（故事成句）を生み出した部分で、これも面白いです。しかし倭語の解読をするには、解読出来そうな名前の出てくる所が興味を引きます。それは、楚世家に出てくる、楚王たちの人名です。

楚世家が述べる楚の家系は、帝顓頊、稱、巻章、吴回、陸終、季連と続きます。季連の時から芈姓を名乗ります。季連の後は附沮、穴熊と続きます。穴熊で初めて熊の字が出て来ます。ここまでは五帝夏后時代の話です。その後は人名の記載が無く、周朝の二代目の文王の時代になって、鬻熊が周朝の諸侯に取り立てられます。事実上の建国記事で、鬻熊が楚國の初代王です。ここでも熊の字が出て来ます。周の二代目の文王の時代ですから、紀元前11世紀の話のようです。鬻熊の後の楚の家系は、熊麗、熊狂、熊繹、熊艾と言うように、必ず頭に熊の字が付きます。そして、頭に熊の字が付いた王名は、周の時代、春秋時代、戦国時代と連綿と受け継がれ、紀元前223年に秦に敗れて滅亡するまで続きます。

熊の字は、今は漢語で［ニュウ］ですが、倭語では［くま］です。これを倭語として読んで良いかどうかを確認するには、楚國の初代王の鬻熊と言う人名を倭語として解読すればよいのです。鬻熊と言う人名が、倭語での王を表す言葉になっていれば、熊の字も倭語で、声音は［くま］です。

鬻熊の鬻の字には、倭訓に［かゆ］があり、倭音の候補に［カ］があります。声音の［カ］

は、ここまでの解読で馴染みの声音です。倭真名の監の［かんがみる］の初頭音節であり、倭真名の監統や宰の［かす］の初頭音節であり、匈奴の烏の［からす］の初頭音節です。倭語の［カ］は、宰補者の意味に使われる声音で、王を表す言葉です。鬻熊は倭語として読んで良いようです。

そうすると鬻熊の熊の字は［くま］です。［くま］も、ここまでの解読で馴染みの声音です。魏志倭人伝の狗奴國の狗奴で、倭真名は與空です。意味は、天空の仲間。

鬻熊のオーバーオールでは、天空人の王の意味です（表－76）。

楚の王統も天空人なのです。

チョット強引な解読のようにも思えるので、次に楚の王統が倭語の名前なのかどうか、続けて解読しておきます。

◇巻章

巻章は、五帝時代の楚の先王で、帝顓頊の孫です。

表-76　鬻熊

音、訓、万葉仮名	倭真名	声音	倭仮名	音、訓、万葉仮名
ケン（呉）、**カ**ン（漢）、**か**んがみる、みる、み甲（仮）	監	カ	鬻	イク、シュク（呉）（漢）、**か**ゆ、ひさぐ
くま（狗奴）	與空	クマ	熊	ウ（呉）、ユウ（漢）、**くま**

巻章の巻の字の倭訓は［まく］で倭音は［マ］です。巻章の章の字の倭訓は［あや］で倭音は［ア］です。二つを合わせると、［マア］です。どうも天空の［アマ］を倒置して読むようです。和語順でしょうか（表ー77）。

◇呉回

呉回は、五帝時代の楚の先王で、帝顓頊の曾孫で、巻章の子です。

呉回の呉の字の倭訓は［くれる］で倭音は［く］です。呉回の回の字の倭訓は［まわす］で倭音は［マ］です。二つを合わせると、［クマ］です。魏志倭人伝の狗奴國の狗奴で、倭真名は與空です。意味は、天空の仲間です（表ー78）。

熊の字の声音を、呉と回の倭仮名の二文字で

表-77　巻章

音、訓、万葉仮名	倭真名	声音	倭仮名	音、訓、万葉仮名
あま（天空）	空	マ	巻	ケン（呉）（漢）、**まく**
	天	ア	章	ショウ（呉）（漢）、**あ**や、しるし、ふみ

注）和語順表記。

表-78　呉回

音、訓、万葉仮名	倭真名	声音	倭仮名	音、訓、万葉仮名
くま（狗奴）	與	ク	呉	グ（呉）、ゴ（漢）、**く**れる、ご甲（仮）
	空	マ	回	エ（呉）、カイ（漢）、**ま**わす、めぐる

表現しています。やはり、熊の字は［くま］と訓読みすべきもので、元々は倭語であったという解釈は正解のようです。

◇陸終

陸終は、五帝時代の楚の先王で、巻章の孫、呉回の子です。

陸終の陸の字の倭訓は［おか］で倭音は［オ］です。陸終の終の字の倭訓は［ついに］で倭音は［ツ］です。二つを合わせると、［オツ］です。［オツ］は乙の字なのでしょう。陸終は呉回の跡取り息子なのでしょう。しかし、乙の字を［オツ］と読むのは呉音です。訓読みは［オト］。陸終では、倭音と呉音が入り混じっています（表－79）。

楚の人名も倭語です。おそらく天空人の分布は華南までの広大な地域だったのです。

楚は長江の中流域に興った国。ここは列島の水稲の原産地でもあります。さらに楚は、長江の下流域の會稽東冶のある呉や越地方を併呑した国。華南の全体を倭語地帯と捉え、華南からの移民が、水稲と倭

表-79　陸終

音、訓、万葉仮名	倭真名	声音	倭仮名	音、訓、万葉仮名
オツ、オチ（呉）、イツ（漢）、きのと、おと	乙	オ	陸	ロク（呉）、リク（漢）、**お**か、くが
		ツ	終	シュ（呉）、シュウ（漢）、おえる、おわる、**つ**いに

語と漢字と宗廟を担いで列島に遣って来たと考えると、倭人の風俗議論の全ては、丸く収まりそうです。

魏志倭人伝の言う、狗奴國の卑彌弓呼あるいは伊聲者掖邪拘と言うのが、楚人の王統のようです。ですから氏姓は芈姓なのでしょう。魏志倭人伝の卑彌呼女王や壹與女王の屬女と言うのは、楚人と一緒に遣って来た漢人と天空人の共通の母系である敦氏のことのようです。

◇五帝夏后の言語の感想

五帝夏后時代の人や国は、みな倭語の名前を持っています。大陸は、倭語と漢語の混合地帯であったようで、漢字は、この倭語と漢語の混合地帯で発明された文字のようです。

ただし、そんなに古い時代に、漢字が在ったのでしょうか。現在確認できる最古の漢字は、甲骨文字です。殷（商）時代の遺跡から、亀の甲羅や牛や鹿の骨に刻まれた、占《うらな》いの記録が大量に出土して、その記録を記した漢字を甲骨文字と呼んでいます。古いものでも紀元前15世紀のもののようです。また甲骨文字で書かれた占いの記録は漢語順です。出土していないから漢字は無かった、とは言えないのですが、そう何百年も遡るのは期待薄でしょう。おそらく五帝夏后時代の物語は、漢字の使用が一般化した周朝以降に文字で書かれたものと思われます。

周朝の時代になっても、五帝夏后時代の人名や国名が倭語名前と言うことは、周朝の時代は、まだ大陸は倭語と漢語の混合地帯だったのでしょう。倭語の話者は、漢字の字音に倭語の単語の初頭音節を充て、漢語の話者は漢字の字音に漢語の単語の初頭音節を充てて読んでいたのでしょう。声音が何であれ、漢字で書けば、意味は通じるので、倭語の話者にも漢語の話者にも、声音問題は起こらないでしょう。

前漢の時代、史記が書かれた頃は、華北も華南も公用語は漢語です。一方で、タリム盆地から、北の草原地帯を経て、半島、列島が倭語地帯であったようです。もともと広大だった倭語地帯から、華夏と呼ばれた華北と華南では、倭語が絶滅したのです。

しかし史記を書いた司馬遷は、漢語の話者でしょうが、そこそこ、倭語が分かっていたと思えます。何故なら、五帝夏后の時代の王統の物語は、天空の青と、大地の敦の二本柱で統一されていて、その表記も倭仮名を次々と取り換えた表記になっています。全く倭語が分からないでは、こんな編集は出来ません。

五帝夏后時代の物語が、全てが事実かどうかは、分かりません。あれは黄帝神話だ、と言っておいた方が無難です。しかし天空の青と、大地の敦の物語が連綿と受け継がれているのは事実です。史記の中で、春秋五覇や戦国七雄と呼ばれる国々はその通りです。匈奴も、黄帝神話を引き継いでいます。北の草原にも、多くの国がありますが、黄帝神話を受け継いだ倭語名前の国があります。監空（天空の宰補者）を名乗る烏孫、烏桓は黄帝神話を受け継いだ仲間です。中央アジアのキルギスに在ったと思われる大宛國は宛［あつ］で敦氏なのでしょう。漢書では、匈奴の北に在った丁令は［あお］で青氏なのでしょう。大よそのところ、黄帝神話を受け継ぐ地帯が、元々の倭語地帯である、と理解してよさそうです。

ですから、五帝夏后の時代、倭語は汎東洋言語であったようです。

古代には、黄帝の血統であることが、倭語地帯の王の正当性を保証する価値観であったようです。今後は、時代を下って、大陸の倭語の変遷を追いかけて行きますが、この黄帝神話は大陸の北の倭語地帯と中国との国交の中で、大きな意味を持ちます。

鮮卑、突厥の言語

中央アジアから東アジアでは、遊牧騎馬民族の分裂と再統合が繰り返されます。匈奴の次の遊牧騎馬民族の大国は鮮卑です。匈奴の言葉は倭語ですが、鮮卑の言語も倭語でしょうか。

鮮卑は、漢書には出て来ません。前漢の初期、冒頓単于が東胡を滅ぼした時に、その生き残りが烏桓山と鮮卑山に逃れ、それぞれが烏桓と鮮卑になった、と伝えられています。この烏桓と鮮卑は、陳寿の表した三國志、魏書、烏丸鮮卑東夷傳第三十の表題になった東夷の国です。匈奴が衰退し、後漢の中期になって、鮮卑に檀石槐と言う王が出て勢力を拡大し、かつての匈奴に代わって、中央アジアから東アジアに巨大な勢力を築きました。この時代は、後漢書の受け持ちです。後漢書は、南朝の宋の時代に、范曄によって編著された史書です。

◇鮮卑

匈奴は天空で［アマ］で、鮮卑はその後継の国です。鮮の字は、呉音が［セン］で倭訓は［あざやか］で、倭音の候補は［セ］［ア］です。

卑の字は、既に出てきた奴の字と同じで、「貧《まず》しい」と言う意味があります。ですから、同義選訓で、卑の字の倭音の候補には［マ］があります。鮮卑もまた［アマ］で、天空人で匈奴です。

解読結果を、表-80に示します。

やはり鮮卑の言葉も、倭語です。しかも、鮮卑は匈奴と同じ天空人です。黄帝神話は生き続けています。といっても、漢人側では、鮮卑は［センピ］、匈奴は［キョウド］で、別種と言う理解でしょう。

◇檀石槐

檀石槐は鮮卑の王です。後漢書は、檀石槐が生まれた時のことを次のように書いています。

『桓帝時，鮮卑檀石槐者，其父投鹿侯、初從匈奴軍三年，其妻在家生子。投鹿侯歸，怪欲殺之。妻言嘗晝行聞雷震，仰天視而雹入其口，因吞之，遂妊身，十月而產，此子必有奇異，且宜長視。投

表-80　鮮卑

音、訓、万葉仮名	倭真名	声音	倭仮名	音、訓、万葉仮名
テン（呉）（漢）、**あ**ま、**あめ**	天	ア	鮮	セン（呉）（漢）、**あ**ざやか
クウ（呉）、コウ（漢）、そら、から、あく、むなしい、うつ、**ま**（間、同義選訓）	空	マ	卑	ヒ（呉）（漢）、いやしい、ひくい、**ま**ずしい（奴、貧の同義選訓）、ひ甲（仮）

鹿侯不聽，遂棄之。妻私語家令收養焉，名檀石槐。』

檀石槐の父親は投鹿侯です。三年の間、匈奴攻めに従軍している間に、家に居た妻が子を生みます。妻は言い訳《いわけ》をしますが、投鹿侯は、その子を棄て、妻は実家でその子を育てさせます。だから、檀石槐と言う名前が付いたのです。ですから、檀石槐は「父親が留守の間に生まれた子」の意味です。

檀の字は呉音［ダン］、倭訓は［まゆみ］です。［まゆみ］は真弓とも書かれ、弓の材料に使う樹木の名前です。これは留守宅の意味の一部なので、倭真名は空の字で、倭音は［マ］でしょう。

石の字は呉音［ジャク］、漢音［セキ］、倭訓は［いし］です。槐の字は呉音［カイ］、倭訓は［えんじゅ］です。［えんじゅ］も樹木の名前です。これも留守宅の意味の一部なので、石槐の二文字で、倭真名は家の字で、倭訓は［いえ］でしょう。

檀石槐は、空家で［まいえ］です。解読結果を、表－81に示します。

表-81　檀石槐

音、訓、万葉仮名	倭真名	声音	倭仮名	音、訓、万葉仮名
クウ（呉）、コウ（漢）、そら、から、あく、むなしい、うつ、**ま**（間、同義遷訓）	空	マ	檀	ダン（呉）、タン（漢）、**ま**ゆみ
ケ（呉）、カ（漢）、**いえ**、や、うち	家	イ	石	ジャク（呉）、セキ（漢）、**い**し
		エ	槐	**エ**（呉）、カイ（漢）、**え**んじゅ

空家は［あきや］ではなく、［まいえ］で、今の和語とは大分と違っていますが、やはり倭語です。

どうも、空家と言う字を眺めてみると、空の字は天空［あま］の空［マ］ではないかと思います。元々、檀石槐の家系は、天空家であったものを、誰かが妬《ねた》み、やっかみ半分に作り話をしたのではないかと思います。

他《ほか》の解釈も出来そうです。匈奴や鮮卑の家は、フェルトや毛皮で作ったテントですが、このテントは、北方遊牧民族の言語のモンゴル語では［ger］［ゲル］と言います。この［ゲル］のことを漢書は穹廬［キュウロ］と書いています。穹の字の倭訓に［あめ］や［そら］があり、天空の意味が有ります。廬の字の倭訓に［いえ］があり、家の意味です。ですから、穹廬の字義は、形式的に意味を取ると、空家と同じです。倭語は同義遷訓ですから、穹廬も倭語では［まいえ］であった可能性があります。ですから、漢語の穹廬を倭真名表記で空家と書き、檀石槐が穹廬に住んでいたので、空家［まいえ］と呼ばれたと言う可能性は十分に有ります。しかし、穹廬から「父親が留守の間に生まれた子」の物語を想像するのは、相当に難しいことです。穹の字義に「空《あ》き」や「開《あ》き」はないからです。どうも、後漢書の物語は、倭真名表記を元にした、作り話ではないかと思われます。

ですから、檀石槐の名前の元になった倭真名は、空家の方です。穹廬［キュウロ］は、空家の漢語訳と思われます。モンゴル語の［ゲル］は漢語訳の穹廬［キュウロ］の訛りでしょう

（初頭子音のKがGに訛った）。
やはり鮮卑の言葉も、倭語です。しかも、鮮卑は匈奴と同じ天空人です。

漢人の時代は夏、殷、周、春秋戦国、秦、漢、後漢、三国、晋と続きます。晋が衰退して、次に五胡十六国時代がやってきます。鮮卑は、五胡十六国時代に、南下して中国の内に、代国、前燕、後燕、西秦、南涼、南燕などの王朝を建てます。さらに北魏が、華北にあったこれらの王朝を統一して、南北朝時代となります。この時代の南朝が宋で、こちらは漢人の国です。北朝は北魏から、北周へ引き継がれ、次の中国統一王朝の隋、そして、その次の唐が生まれたと言われています。

◇鮮卑拓跋部

魏書は南北朝時代の北朝である北魏について書かれた正史です。北魏が東西分裂して西魏と東魏となり、さらに北周と北斉となり、次に隋が北周と北斉と南朝の陳とを併せて統一王朝を樹立します。魏書は北斉の魏収の編纂です。

北魏は五胡十六国の代國から改称した鮮卑拓跋部の国です。魏書の序紀の中に拓跋部の説明があります。

『昔黄帝有子二十五人，或內列諸華，或外分荒服，昌意少子，受封北土，國有大鮮卑山，因以為號。』

「昔、黄帝には二十五人の子がいた。或る者は内の華夏に列し、また或る者は外の荒服の地に分封された。昌意の末子は北土に分封された。その国には大鮮卑山が在ったので、鮮卑を国号とした。」

この件《くだり》は、五帝時代です。昌意は黄帝の子で、帝顓頊の父、倭音は［あお］です。ここでは漢人と鮮卑は同祖であると主張しています。鮮卑は天空で［あま］ですが、大鮮卑山は何処の山でしょうか。鮮卑を真名の天空に置き換えると、大鮮卑山は大天空山です。おそらく天山(テンシャン山脈)で、タリム盆地の北側に連なる大山脈です。鮮卑は東胡の末裔と言う割には、随分西方の出身のようです。

『其後，世為君長，統幽都之北，廣漠之野，畜牧遷徙，射獵為業，淳樸為俗，簡易為化，不為文字，刻木紀契而已，世事遠近，人相傳授，如史官之紀錄焉。』

「その後、代々君長を立て、幽都の北の荒涼とした原野を統治し、家畜を飼育して原野を巡り歩き、狩猟を生業とした。素直で素朴な生活を営み、簡素であったので文字を使わず、言葉を木に刻み記すだけで、世代のことも昔から人から人へと伝授した。これは史官の記録のような物である。」

今の中国の北京市あたりに幽都と言う地名が在るらしいのですが、この頃の幽都がどの辺だったかはよく分かりません。おそらく歴代の古代中国王朝が都を置いた、黄河の南を言っているのだろうと思います。活動地域は黄河の北なのでしょう。

『黄帝以土徳王，北俗謂土為托，謂后為跋，故以為氏。』

「黄帝の意味は土徳王である。北の言語では、土の声音を托の字に充てる。后の声音を跋の字に充てる。この為に托跋の二文字を氏とした。」

北の言語は大陸の倭語でしょうか。倭語では土徳王のことを土后と書くようです。これは倭真名でしょうか。またも漢人と同祖を強調しています。

『其裔始均，入仕堯世，逐女魃於弱水之北，民賴其勤，帝舜嘉之，命為田祖。』

「黄帝の末裔の始均は、堯の時代に入仕した。始均が女魃（黄帝の娘で干ばつの神らしい）を弱水の北に駆逐したので、民は彼の働きを頼りにした。帝舜はこれを喜んで、命名して田祖と言った。」始均は史記の五帝本紀の商均で、帝舜の子でしょう。

『爰歷三代，以及秦漢，獯鬻、獫狁、山戎、匈奴之屬，累代殘暴，作害中州，而始均之裔，不交南夏，是以載籍無聞焉。』

「夏殷周の三代を経て秦漢の時代になり、獯鬻、獫狁、山戎などの匈奴の類《たぐい》が、代々残虐で凶暴で、中華を害したので、その後の始均の子孫は南の華夏との国交が絶たれた。それからは書籍に記載がなく、事情が分からない。」どうも、匈奴の類は悪いことをしたが、拓跋部は悪いことをしなかったと言いたいようです。

『積六十七世，至成皇帝諱毛立。聡明武略，遠近所推，統國三十六，大姓九十九，威振北方，莫不率服。』

「六十七世代の後、諱名を毛と言う人が皇帝となった。聡明で武略に優れ、遠くも近くも皆から推挙されて、三十六カ国を統率し、大姓九十九を従えて、北方に威を振い、従わない者は無かった。」

　魏書の序紀の中での拓跋部の説明は、黄帝神話そのものです。

　拓跋部は北魏の王朝を作った鮮卑の部族です。魏書は、拓跋のことを土后と書くと言っているのですから、土后を倭音で読めば良いのです。

　土后の土の字は倭訓が［つち］ですから、倭音は［つ］です。土后の后の字は倭訓が［きみ］ですから、倭音は［き］でしょう。合わせると土后は［つき］で、この倭真名は月の字でしょう（表-82）。

　黄帝の土徳と言うのは、姓字の敦の字義だと思うのですが、魏書は、敦の字義を土后の意味に充てています。しかし、どう見てもこれは月氏です。北魏の時代、敦氏と月氏は、同じものと見做《みな》されていたようです。

表-82　土后

音、訓、万葉仮名	倭真名	声音	倭仮名	音、訓、万葉仮名
ガツ（呉）、ゲツ（漢）、**つき**、つく	月	ツ	土	**ツ**（呉）、ト（漢）、**つ**ち、と甲（仮）
		キ	后	グ（呉）、コウ（漢）、**き**さき、**き**み、のち、うしろ

◇突厥

北魏の時代の初め、北の大地を席巻したのは柔然です。その柔然を追い落として、突厥が興り、東は渤海から西はアラル海に至る大帝国に発展します。突厥の建国は西暦５５２年のことです。突厥とは、月氏の末裔を自称する鮮卑拓跋部に対して、自族の国号を名乗った言葉であると考えられます。

周書は、中国の唐の時代に、南北朝の時代の西魏、北周両朝の歴史を記録した正史です。西魏は北朝の北魏が分裂した王朝、北周は分裂した西魏と東魏の北朝を再統一した王朝です。編著者は、令狐徳棻です。

隋書は、中国の唐の時代に、前の時代の隋の時代を記述したものです。編著者は、魏徴と長孫無忌、さらに顔師古や孔穎達らが編纂に参加したとされています。周書と隋書は唐の第二代皇帝の太宗の勅命によって分担編纂されたもので、原資料、知識ベースが同じであろうと考えられます。

舊唐書は、中国の五代十国時代に、唐の時代を記述したものです。劉昫、張昭遠、王伸らが編纂したとされています。

突厥は、周書の異域列傳、隋書の北狄列傳と舊唐書の突厥列傳が多くの記述を残しています。

隋書は書いています。『突厥之先，平涼雜胡也，姓阿史那氏。後魏太武滅沮渠氏，阿史那以五百家奔茹茹，世居金山，工於鐵作。金山狀如兜鍪，俗呼兜鍪爲「突厥」，因以爲號。』隋書の言う通りであれば、突厥とは金山（アルタイ山脈）の形状のことを言った言葉です。おそらく、「厥《そ》れ（金山のこと）は、天を突《つ》く」と捉えているのでしょう。真名表記であると言う解釈のようですが、それは突厥という表記の漢字の字義から意味推定した、漢人的な解釈でしょう。

突厥の解読に取り掛かります。突厥の突の字は倭訓が［つき］です。突の字を二音節仮名だとすれば、突の字は［つき］で、月氏のことを言っているようです。

次の厥の字は、倭訓が［それ］です。倭真名ではないかと考えられます。厥の字の声音は［それ］なのか［そ］なのかはよく分かりません。

月氏の末裔の鮮卑拓跋部に対して、自族の国号を名乗った言葉であることを考えると、突厥は「月それ」で、「月氏そのもの」「月氏の本統である」と鮮卑拓跋部に対して名乗ったのだと考えられます。表－83に解読表を挙げておきます。

表-83　突厥

音、訓、万葉仮名	倭真名	声音	倭仮名	音、訓、万葉仮名
つき	月	ツキ	突	ドチ（呉)、トツ（漢)、**つき**、つく
それ	厥	ソレ	(厥)	コチ（呉)、ケツ（漢)、その、**それ**、

注）倭仮名欄の（ ）書きは、真名。

突厥の言語は、古テュルク語と呼ばれ、独自の表音文字の突厥文字を持っていて、自国の声音を書き残しています。突厥の国号は［Kök-Türük］で、［Kök］は「青い」の意味のようですが、国名の［テュルク］は間違いないようです。突厥はトルコです。しかし、漢字表記の突厥は倭語のようです。

既に見てきた漢書では、匈奴は二つの姓氏を持っています。一つは『淳維』で、これは敦［あつ］の倭仮名表記です。もう一つは『攣鞮』で、これは月［つく］の倭仮名表記です。月氏の本統を自称する突厥は、攣鞮を倭訓で［つるく］と読んで、これを自分たちの国名にしたのだと考えられます。［テュルク］は攣鞮［つるく］です。攣鞮は月氏です。

突厥［トッケツ］は、［テュルク］を漢語で音写したものと考えられているようです。これはおそらく正確ではありません。言語の先生方は、声音の近さ、類似から言葉を比定されます。しかし、言語は声音だけでなく、意味も表すものです。言葉を比定するときには、声音と意味の両方から、挟み撃ちにしてもらいたいものです。

◇可汗

舊唐書は書いています。『可汗者，猶古之單于；妻號可賀敦，猶古之閼氏也。其子弟謂之特勒，別部領兵者皆謂之設。』

可汗は、突厥の王で、昔の匈奴の單于に相当します。突厥王の妻は可賀敦で、昔の匈奴の閼氏に相当します。ですから閼氏は王妻で皇后です。突厥王の子弟は特勒です。別部の領兵は、まとめて設と言います。可汗、可賀敦、特勒、設の四つの名詞の意味が端的に指示されています。

可汗の古テュルク語は［Qaɣan］で、この解読は、意味を突き合わせた上で、最後に［Qaɣan］の声音を引き出せなければなりません。これはなかなか厳しい制約です。可汗は、全部を呉音で読めば［カガン］で、そのまま［Qaɣan］の声音なのですが、残念ながら意味が分かりません。何故に［カガン］が大王の意味になるのか、これが問題です。

既に出てきた匈奴や夏后の言語では、［か］の声音は、宰補を意味する監や宰の字の倭音です。匈奴や夏后の言語では、大地を覆う神は天空［あま］です。天空［あま］の宰補者は監空［かま］で、これは天下人の意味ですから、大王と同等の意味を持っています。監空の［かま］の声音には、これまでも色々な仮名が充てられています。表I−84にここまでの既読の仮名表記を纏めておきます。表の上の二行の監空、監間は倭真名表記ですが、頭曼、烏孫、烏桓、烏丸、難升は倭仮名です。

倭音の［か］は、全てが倭訓の初頭音節です。それが可汗では、可の字の呉音の［カ］に置き換わっています。倭音の［ま］は、全てが倭訓の初頭音節です。その内、烏桓の桓と、烏丸の丸の字の呉音が［ガン］で、同じく呉音が［ガン］の汗の字に置き換わっています。このように見ていくと、考えられる変化は次のようなものでしょう。

原初は烏桓［かま］または烏丸［かま］であったものが、中間で可桓［カま］または可丸［カま］となり、さらに［カガン］と読み替えられ、それに可汗の文字が充てられた、と言うことです（表－85）。

このように、古テュルク語は、訓仮名の音仮名への書き換えと、倭音の漢語声音への読み替えで出来ていると思われます。古テュルク語への変遷を上手く表現できませんが、表－86に解読表を一応挙げておきます。

表-84　監空の表記と声音の変遷

漢字表記	倭語	呉音	漢音	標準漢語	古テュルク語
監空	かま	ケンクウ	カンコウ	jiānkōng	
監間	かま	ケンケン	カンカン	jiānjiān	
頭曼	かま	ズマン	トウバン	tóumàn	
烏孫	かま	ウソン	ヲソン	wūsūn	
烏桓	かま	ウ**ガン**	ヲカン	wūhuán	
烏丸	かま	ウ**ガン**	ヲカン	wūwán	
難升	かま	ナンショウ	ダンショウ	nánshēng	
可汗		**カガン**	カカン	kěhán	**qaɤan**

表-85　監空の声音と表記の変遷

倭真名	声音	倭仮名	声音	土仮名
監	カ	烏	カ	可
空	マ	桓	ガン	汗

倭仮名を漢語の声音で音読する、これが倭語から古テュルク語への変遷の原理のようです。困るのは、この変遷の仕方、漢語声音の前の倭仮名表記が如何いうふうに書かれていたかで結果（古テュルク語）が変わることです。直前の倭仮名表記が烏桓であったから、突厥王の呼称が［カガン］になったのですが、匈奴の頭曼単于の頭曼からスタートすれば［ズマン］になり、魏志倭人伝の難升米の難升からスタートすれば［ナンショウ］が突厥王の呼称になった筈です。突厥王の呼称が［カガン］になったのは、時の運のようです。

◇可賀敦

可賀敦は突厥王の妻のことです。可賀敦の可の字は、前出の可汗の可の字と同じなので、倭音は［カ］です。可賀敦の賀の字は、呉音［ガ］で漢音［カ］で、倭訓はうんざりするほどあります。可賀敦の敦の字は、既読の敦煌の敦の字ですから、倭訓［あつ］、倭音は［ア］です。可賀敦は妻の意味ですから、

表-86　可汗（Qaɤan）

音、訓、万葉仮名	倭真名	声音	倭仮名	音、訓、万葉仮名
ウ（呉）、オ（漢）、**から**す、いずくんぞ、なんぞ、う（仮）	（烏）	カ	可	**カ**（呉）（漢）、ききいれる、きく、べき、よい、**か**（仮）
ガン（呉）、カン（漢）、めぐる、うれえる、まわる（回、同義遷訓）	（桓）	ガン	汗	**ガン**（呉）、カン（漢）、あせ

注）倭真名欄の（ ）書きは、仮名。

これはおそらく「カカア」、真名は嬶の字です。
可賀敦を音読みすると「カカトン」で、古テュルク語の「Qaɣatun」に一致します。やはり倭語から古テュルク語への変遷の原理は、倭仮名を漢語の声音で音読することであったようです。あまり出来の良くない解読表ですが、表-87に挙げておきます。

可笑しなことに、嬶の字には、辞書を引いても音読みが載っていません。嬶の字は、国字（和製漢字）なのだそうです。何故、女偏に鼻と書いて「かかあ」と読むのか、おそらく鼻が頭の前に突き出しているから、種族の頭《かしら》である夫よりも偉《えら》いと言う意味なのでしょう。突厥王の妻《つま》は、恐妻《キョウサイ》だったみたいです。また、王妻は王子から見れば母《はは》であって、母様《かかさま》や「お母《かあ》さん」の用法で親《した》しまれています。

表-87　可賀敦（Qaɣatun）

音、訓、万葉仮名	倭真名	声音	倭仮名	音、訓、万葉仮名
かかあ（妻→母）	嬶	カ	可	**カ**（呉）（漢）、ききいれる、きく、べき、よい、**か**（仮）
		カ	賀	ガ（呉）、**カ**（漢）、のり、よし、より、か、よろこぶ、ことほぐ、いわう、ねぎらう、ほめる、になう、おう、かつぐ、が（仮）
		ア	敦	タイ、トン（呉）（漢）、のぶ、つる、**あ**つし、のり、**あ**つい

◇特勒

突厥王の子供たちが特勤です。特勤の特の字は、呉音［ドク］で漢音［トク］で、倭訓は［おうし］など沢山あります。倭音の候補は［ド］［ト］［オ］など。

特勤の勒の字は、呉音漢音共に［ロク］ですが、倭訓に［くつわ］があります。特勤は突厥王の子供たちの意味なのですから、跡取りの意味で［おくつ］「後《おく》つ」と言ったのだろうと思います。表-88に解読表を挙げておきます。

確《しっか》り倭語の意味のある単語を引き出せるのですから、この解読は正しいと思います。しかし、音読しても［トロク］になって、古テュルク語の［Tägin］に合いません。そこで校閲の先生方は、この特勒は特勤の誤りだと言っているようです。特勤も周書や隋書や舊唐書には、王子の称号として沢山出て来ます。特勤の勤の字は、漢音が［キン］なので、全体では［トキン］で、［Tägin］に近い発音になるからでしょう。

表-88　特勒（Tägin）

音、訓、万葉仮名	倭真名	声音	倭仮名	音、訓、万葉仮名
おくつ（後つ、奥つ）	後	オ	特	ドク（呉）、トク（漢）、**お**うし、ひとり、こと、ことなる、ことに、とりわけ、ど乙（仮）
		クツ	勒	ロク（呉）（漢）、おさえる、きざむ、**くつ**わ、ほる

特勤の特の字は、特勒と同じなので、倭音は［オ］です。特勤の勤の字は、倭訓に［つとめる］があるので、倭音は［ツ］だと思われます。特勤の全体では、［オツ］であって、乙の字の音読みの声音です。乙の字は、これまでも大弟であって、太子の意味です（表－89）。

こうしてみると、特勒と特勤は何方もほぼ同義であって、何方かが誤り、何方かが正しいと言うものではなく、何方も正解なのです。ただ古テュルク語の［Tägin］は、特勤の方であっただけです。

◇設

別部の領兵は、まとめて設と言います。別部の領兵とは何か。おそらく突厥の地方統治機構の長官なんだろうと思います。

設の字は呉音が［セチ］、漢音が［セツ］、倭訓は［もうける］［たてる］［おく］［すえる］［つらねる］です。

意味を考え合わせると、おそらく真名は末の字で、声音は［す

表-89　特勤（Tägin）

音、訓、万葉仮名	倭真名	声音	倭仮名	音、訓、万葉仮名
オツ、オチ（呉）、イツ（漢）、きのと、おと	乙	オ	特	ドク（呉）、トク（漢）、**お**うし、ひとり、こと、ことなる、ことに、とりわけ、ど乙（仮）
		ツ	勤	ゴン（呉）、キン（漢）、**つ**とめる、いそしむ

表を挙げておきます。

え」だろうと思われます。中央に対し、地方を末［すえ］と言ったのでしょう。表―90に解読

◇葉護

隋書は書いています。『官有葉護，次設特勤，次俟利發，次吐屯發，下至小官，凡二十八等，皆世爲之。』

葉護は、突厥王の下のトップの官職で、補佐役です。葉護の古テュルク語は［Yabɤu］、葉護の葉の字は倭訓に［かみ］があり、倭音は［か］、護の字は倭訓に［まもる］があり、倭音は［ま］でしょう。葉護は［かま］であって、倭真名は監空です。監空は天空の宰補者で天下人ですが、突厥人は監空の仮名表記の葉護を臣下のように扱っています（表―91）。

突厥の建国以前、柔然の臣下であった阿史那氏に、大葉護と称する首長がいた。大葉護の長男が土門で、土門が柔然を撃ち破り、自ら伊利可汗と称号して突厥を建国した。

こう言う建国物語になっているので、葉護は以前から在った称号のようです。大王の可汗も語源は監空［かま］、葉護も語源は監空［かま］ですから、このころ監空の意味は広がりを持っていて、トップもナンバーツーも監空で、それを倭仮名表記で区別していたらしいのです。

表-90　設（šad）

音、訓、万葉仮名	倭真名	声音	倭仮名	音、訓、万葉仮名
マツ（呉）、バツ（漢）、**すえ**、うら、ま（仮）	末	スエ	設	セチ（呉）、セツ（漢）、もうける、たてる、おく、**すえ**る、**すえ**おく、つらねる、ほどこす

表-91　葉護（Yabɤu）

音、訓、万葉仮名	倭真名	声音	倭仮名	音、訓、万葉仮名
ケン（呉）、**カ**ン（漢）、**か**んがみる、みる、み甲（仮）	監	カ	葉	ヨウ、ショウ（呉）（漢）、は、**か**み、すえ、は（仮）
クウ（呉）、コウ（漢）、そら、から、あく、むなしい、うつ、**ま**（間、同義遷訓）	空	マ	護	ゴ（呉）、コ（漢）、**ま**もる、**ま**もり

◇設特勤

設特勤は、既読の設と特勤がくっ付いただけですから、説明は無用です（表－92）。

◇伊利可汗

伊利可汗は突厥を建国した、初代可汗です。古テュルク語では［Ilig-qaɤan］です。

伊利の伊の字は、もうお馴染みの［か］です。魏志倭人伝の伊都國や、史記の殷本紀の伊尹と同じです。伊利の利の字は、倭訓が［するどい］ですから、倭音は［ス］でしょう。伊利の全体では［かす］です。倭語の［かす］は、もうお馴染みの監統であり、宰です。魏志倭人伝の伊都國の伊都であり、魏志韓伝の加優呼の加優と同じです（表－93）。

表-92　設特勤（šad-Tägin）

音、訓、万葉仮名	倭真名	声音	倭仮名	音、訓、万葉仮名
マツ（呉）、バツ（漢）、**すえ**、うら、ま（仮）	末	スエ	設	セチ（呉）、セツ（漢）、もうける、たてる、おく、**すえ**る、**すえ**おく、つらねる、ほどこす
オツ、オチ（呉）、イツ（漢）、きのと、おと	乙	オ	特	ドク（呉）、トク（漢）、**お**うし、ひとり、こと、ことなる、ことに、とりわけ、ど乙（仮）
		ツ	勤	ゴン（呉）、キン（漢）、**つ**とめる、いそしむ

古テュルク語は伊利をそのまま音読みして［Ilig］としています。倭語では、末尾の子音を発音しないので、［Ilig］は［イリ］です。倭仮名を漢語の声音で音読する、これが倭語から古テュルク語への変遷の原理です。

この［イリ］の声音、実は日本書紀には沢山出て来ます。御間城入彦五十瓊殖尊（10崇神天皇）、活目入彦五十狭茅尊（11垂仁天皇）、八坂入姫命（12景行天皇の皇后）、八坂入彦命（八坂入姫命の父）、両道入姫命（14仲哀天皇の母、11垂仁天皇の娘）。

これらの和語の入［イリ］の字の語源は、古テュルク語の伊利［Ilig］であり、古テュルク語の伊利［Ilig］は、大陸倭語の監統［カス］であるという、難解《ややこ》しい関係にあります。

◇土門可汗

土門は伊利可汗の別名です。周書は『土門遂自號伊利可汗，猶古之單于也。』と書いています。

表-93　伊利可汗（Ilig-qaɤan）

音、訓、万葉仮名	倭真名	声音	倭仮名	音、訓、万葉仮名
ケン（呉）、**カ**ン（漢）、**か**んがみる、みる、み甲（仮）	監	カ	伊	イ（呉）（漢）、**か**れ、これ、ただ、い（仮）
トウ（呉）（漢）、**す**べる	統	ス	利	リ（呉）（漢）、**す**るどい、きく、とし、よい、もうけ、かしこい、さとい、り（仮）、と甲（仮）

土門の土の字は倭音の［つ］です。土門の門の字は、倭訓に［かど］が在るので、おそらく倭音の［カ］だろうと思います。土門の全体では［つか］です。

辞書を引いて、訓読みの語幹が「つか」である漢字を拾い集めて見ると、こんなものです。

束柄埡壟使遣番胳痞支仕亊叓吏宦閊胳痞司官牧戢部曹揆衙僚寮詔
職䟽尽盡犖捕捉拏摑𠠝攫疲芒労劬劵瘁倦萎𢿋勞頓瘁罷弊𢡟傴羸派
差把握獲吶訥

これでも大変な数ですが、同義遷訓で［つか］と読める漢字を丁寧に拾い集めると、もっと多くなると思われます。

土門の父親は、柔然の臣下であった大葉護です。倭仮名表記の葉護は、監空［かま］で、宰補者なのですから、その後を継いだ土門も宰補役であった筈です。そう考えると、あり得るのは、司官牧宦支仕使遣職傴などの漢字が近い意味を持っています。何れの漢字かは、決めかねます。ちょっと大らかになって、司の字で代表させておきます

表-94　土門可汗（**Bumïn qaɤan**）

音、訓、万葉仮名	倭真名	声音	倭仮名	音、訓、万葉仮名
シ（呉）（漢）、**つか**さ、うかがう、し（仮）	司	ツ	土	ツ（呉）、ト（漢）、**つ**ち、と甲（仮）、ど甲（仮）
		カ	門	モン（呉）、ボン（漢）、**か**ど、いえ、じょう、と、みうち、も乙（仮）

（表－94）。

◇吐務

吐務は、土門可汗の父で、柔然の下で大葉護と名乗っていた人物の別名です。

吐務の吐の字は、一般的に［はく］と読みますが、時々［つき］とか［つく］とも読みます。「嘘《うそ》を吐《つ》く」とか「嘘《うそ》吐《つ》き」と言う用法が有ります。吐の字は、真名の月の字の仮名表記だと考えられます。

吐務の務の字は、倭訓に［つかさ］があるので、既読の司の字の別字です。倭語の声音は、既読の土門可汗と同じ［つか］でしょうか。月の屬格の［つく］を採用して、吐務の全体では、月司［つくつか］でしょう。意味はおそらく「月氏の長《おさ》」です（表－95）。

この人名、古テュルク語で如何読むのか、探し出すことが出来ませんでした。ですから倭語からテュルク語への変遷の原理である、倭仮名で書いて音読するのが正しいかどうかは分かりません。御免なさい。

表-95　吐務

音、訓、万葉仮名	倭真名	声音	倭仮名	音、訓、万葉仮名
つく	月	ツク	吐	ツ、ト（呉）、ト（漢）、はく、**つく**、ぬかす、のべる
シ（呉）（漢）、**つか**さ、うかがう、し（仮）	司	ツカ	務	ム、ブ、つとめる、あなどる、み、**つか**さ

◇訥都六設

訥都六設は、土門（伊利可汗）の曽祖父、吐務（大葉護）の祖父です。訥都六設の設の字は、既読で、末［すえ］です。先頭に来ている訥の字は、一般的には［どもり］と読みます。しかし［どもり］は、「ことばが支《つか》えて、よく聞き取れない状態」のことですから、「支《つか》え」［つかえ］は同義遷訓で訥の字の訓読みです。おそらく倭語の真名は、既に出てきた司の字で、声音は［つか］でしょう。おそらくこの訥都六設と言う人物は、都六と言う種族の首長で、柔然の下の地方官なのです。

都六は何か。都の字は呉音が［ツ］、漢音は［ト］です。六の字は呉音が［ロク］、漢音は［リク］です。都六の全体では、［ツロク］か［ツリク］か［トロク］か［トリク］と言うように、攣鞮の［ツルク］とよく似た声音になるのですが、ピタリとは合いません。どうも［ツルク］［Türük］が格変化して［ツリク］［Türik］になっているのではないでしょうか。［ツルク］［Türük］が主格で、［ツリク］［Türik］が属格でしょうか。都六は「テュルク人の」ぐらいの意味でしょう（表－96）。

表-96　訥都六設の声音と表記の変遷

<table>
<tr><th>倭真名</th><th>声音</th><th>倭仮名</th><th colspan="2">声音</th><th>土仮名</th></tr>
<tr><td>司</td><td>ツカ</td><td>訥</td><td colspan="2">ナ</td><td>訥</td></tr>
<tr><td rowspan="2">月</td><td>ツ</td><td>攣</td><td rowspan="2">ツルク
Türük</td><td rowspan="2">ツリク
Türik</td><td>都</td></tr>
<tr><td>ク</td><td>鞮</td><td>六</td></tr>
<tr><td>末</td><td>スエ</td><td>設</td><td colspan="2">セツ</td><td>設</td></tr>
</table>

これで解読表を書くのは、かなり難しいです。元々倭仮名を倭真名に変換するために考えた表形式なので、古テュルク語の格変化まで含めて倭真名に変換するようには出来ていません。表－97に可笑しな解読表を挙げておきます。

◇阿史那

阿史那氏は、突厥の大王を出した氏族で、自称は「月氏の本統」です。古テュルク語では、［Asena］です。阿史那は音読みすれば、そのまま［アシナ］なので、古テュルク語の［Asena］と一致する声音です。

月氏の本統を意味する言葉であれば、［あしな］の［しな］は、科、級、階、品などの階級を意味する真名でしょう。どれでも良いのですが、代表して科の字にしておきます。

表-97　訥都六設

音、訓、万葉仮名	倭真名	声音	倭仮名	音、訓、万葉仮名
シ（呉）（漢）、**つか**さ、うかがう、し（仮）	司	つか	訥	ノチ（呉）、ドッ（漢）、どもり、**つか**える
Türik （テュルク人の）		つ	都	**ツ**（呉）、ト（漢）、みやこ、すべる、と甲（仮）
		りく	六	ロク（呉）、**リク**（漢）、むつ、むい、む、む（仮）
マツ（呉）、バツ（漢）、**すえ**、うら、ま（仮）	末	すえ	設	セチ（呉）、セツ（漢）、もうける、たてる、おく、**すえ**る、**すえ**おく、つらねる、ほどこす

［あしな］の［あ］は、天空の［あま］、敦氏の［あつ］、青氏の［あお］、吾屬の［あや］と、これまでに幾つもの候補が出てきているので、選ぶのが少々困難です。しかし、突厥の国号は古テュルク語で［Kök-Türük］で、［Kök］は「青い」の意味ですから、青の字を選ぶのが無難のようです（表－98）。

◇撐犁

突厥語（古テュルク語）では、天あるいは天神のことを［teŋri］［テンリ］と発音するようです。天の字を［テン］と発音するのは漢語ですが、［リ］は何処に由来するのか。考えて欲しいのは、匈奴語です。匈奴語では、天空のことを撐犁［アマ］といいます。史記や漢書では『匈奴謂天為撐犁』と言っています。撐の字は、倭訓の［あく］の初頭音節を取って［ア］なのですが、この字を真名の天［あ

表-98　阿史那（Asena）

音、訓、万葉仮名	倭真名	声音	倭仮名	音、訓、万葉仮名
ショウ（呉）、セイ（漢）、**あ**お	青	ア	阿	**ア**（呉）（漢）、きた、おか、**あ**わ、**あ**ず、ほとり、おもねる、な、くま、**あ**（仮）
カ（呉）（漢）、**しな**、とが、あな	科	シ	史	**シ**（呉）（漢）、ふひと、ふびと、さかん、ひと、ひさ、のぶ、なか、とし、ちか、こ、お、あや、ふみ、あきら
		ナ	那	**ナ**（呉）、ダ（漢）、**な**に、**な**んぞ、いかん、やす、とも、**な**（仮）

め」の初頭音節の［ア］に置き換えて見て下さい。すると撐犁は天犁です。次は天犁を音読みします。天犁は［テンリ］になります。突厥語の［teŋri］［テンリ］の語源は、匈奴語＝倭語の天空［アマ］です。やはり、倭仮名で書いて、音読みで読み上げる、これが倭語から古テュルク語への変遷のメカニズムのようです（表－99）。

この［teŋri］ですが、今でもカザフ語やウイグル語などのテュルク語族の言語は同じような発音をするようです。また今のモンゴル語は［tŋri］で、ほぼ同じです。

◇鐵勒

隋書は鐵勒のことを『鐵勒之先，匈奴之苗裔也，種類最多。自西海之東，依據山谷，往往不絕。』と言っ

表-99　撐犁の声音と表記の変遷

漢字表記	倭語	呉音	漢音	標準漢語	古テュルク語
天空	あま	**テン**クウ	**テン**コウ	tiānkōng	
天間	あま	**テン**ケン	**テン**カン	tiānjiān	
獫允	あま	ケンイン	ケンイン	xiănyŭn	
撐犁	あま	トウ**リ**	チョウ**リ**	chēnglí	
匈奴	あま	クヌ	キョウド	xiōngnú	
鮮卑	あま	センヒ	センヒ	xiānbēi	
（天）	あま	**テン**	**テン**	tiān	**teŋri**
阿毎	あま	アマイ	アバイ	āměi	

注）（天）はteŋriの漢訳。

ています。西海はアラル海のことで、ずいぶん西方です。

突厥の建国前の西暦546年、鐵勒が柔然を討とうとしたので、土門（後の伊利可汗）が部下を率いて鐵勒を迎撃し、降伏させた物語が有ります。

鐵勒の鐵の字は、倭語では［くろがね］です。勒の字は［くつわ］です。鐵勒は［くくつ］で傀儡です。

傀儡の音読みは［カイライ］で、操り人形の意味ですが、何故操り人形を倭語で［くぐつ］と言うのか、いささか根の深い問題です。おそらく紐《ひも》で括《くく》って操《あやつ》るので、「括つ人形」の心算《つもり》で「括《くく》つ」［くくつ］と言ったのが濁音化して［くぐつ］になったのだろうと思います。随分と蔑んだ名前ですが、おそらく北朝の手先に使われた人たちなのでしょう。表−100に解読表を挙げておきます。

後の唐時代の西暦630年には、唐と鐵勒が協力して東突厥を挟撃して滅ぼします。東突厥は突厥が東西に分裂した片側です。

傀儡は和名類聚抄にも術芸部、雑芸類の中に『傀儡子』として出て来ます。「傀儡子とは唐韻で言うところの傀儡で、楽人の操るところのもので

表-100　鐵勒

音、訓、万葉仮名	倭真名	声音	倭仮名	音、訓、万葉仮名
くぐつ（傀儡）	括	ク	鐵	テチ（呉）、テツ（漢）、**く**ろがね
		クツ	勒	ロク（呉）（漢）、**くつ**わ

ある。」どうも、遅れて列島に渡って来た天空人の鐵勒は、楽人になっていたようです。

鐵勒は、突厥の建国前の西暦５４６年の記事に出てくるのですが、これは列島には［くつ］の倭語声音で伝えられたようです。

また、鐵勒は［テュルク］の音写と考えられているようですが、違うようです。

◇大陸倭語の感想

倭仮名で書いて、音読みで読み上げる、これが倭語から古テュルク語への変遷のメカニズムです。

しかし、初頭音節が同じ倭語の単語は、多数あります。夫々の初頭音節が等しい倭語単語も、漢字の字義に合わせて、漢字の文様に充てるわけです。それも、同義選訓が有るので一つの倭語単語に対して、複数の漢字が充てられます。そうすると、同じ倭語単語を表す漢字の種類は大変な数になります。その大変な数の漢字の中で、実際に古テュルク語の声音に変換された漢字は、基本的に、古テュルク語の一音節につき一漢字だけです。結果として、古テュルク語と和語の語彙を見比べると、類縁関係の認められない、まったくの別物と言う判断になります。

ですから、和語は類縁関係のよく分からない孤立した言語に位置付けられます。

言語学では、言語間の類縁関係を見極めるのに、基礎語彙表（スワディッシュリストとも）

を作成して、同じ意味の単語に対する声音の類似を検証するようです。そこで単語の声音に類似性が多ければ、系統的に近い言語であると考えられます。さらに、多数の類似言語を見比べて、声音の変化に規則性が認められれば、言語系統が確立されたと考えるようです。まことに科学的な精神に基づいた考え方です。

しかし、倭語と古テュルク語の関係では、この科学的な考えの想定外の事態が起こっているようです。漢字と言う表意文字で、かつ表音文字（合わせて表語文字）の、仮名漢字を介しての声音の読み替えが、主要な声音の変遷のメカニズムに成っています。これも漢語と倭語という別系統の言語の言語接触の結果であるには違いないのですが、言語接触というと普通は語彙の借用とか、文法や語法の借用での混合言語化のことを言うようで、少し内容が違うようです。

古テュルク語のように、倭仮名で書いて、音読みで読み上げる、語彙声音の変換を、専門の先生方が如何いう専門用語で語っておられるのかは、私は知りません。ここでは私なりに倭／漢声変換と言うことにしておきます。

こういう語彙声音の変換は、表音文字を使う印欧語族では、起こりようのないもので、表意文字を使う漢字文化圏に独特のものであると思われます。

モンゴル語は、テュルク語とは少し違った変化をしたと思えます。中国の正史の中で、モンゴル語の名前を扱うのは、元史です。元史は、次の統一王朝の明の時代に成立、編纂者は宋濂、高啓などとされています。

内容は、チンギス・ハーン（1162年〜1227年）から始まる、世界帝国のモンゴルと、その中国王朝の大元國の物語です。そのなかに漢文の説明と仮名書きが対になって、意味と声音のセットが明確な、良い言葉は殆ど在りません。かろうじて分かるのは、チンギス・ハーンの次男のチャガタイと、三男のオゴデイ（二代目の大ハーン）ぐらいです。

この二人の名前で、チャガタイの仮名漢字表記は『察合台』、そのモンゴル語の声音は［Čaɤatai］です。オゴデイの仮名漢字表記は『窩闊台』、そのモンゴル語の声音は［Ögödei］です。このように並べると、台の字が兄弟関係を表す語であるように見えます。そうだとすると、察合台、窩闊台は兄弟の中の長幼の序列を表す言葉でしょう。

解読の説明を省いて、察合台の結果表を表－101に、窩闊台の結果表を表－102に挙げておきます。

表-101　察合台（チャガタイ）Čaɤatai

訓読	倭真名	声音	倭仮名	音、訓、万葉仮名
せ こ（背子）(＝ちご、稚児)	背	セ	察	**セ**チ（呉)、サツ（漢)、あきらか
	子	コ	合	ゴウ（呉)、**コ**ウ（漢)、あう、あわせる
ダイ、デ（呉)、テイ（漢)、おとうと	弟	ダイ	台	**ダイ**、タイ（呉)、タイ(漢)、うてな、しもべ、よろこぶ、われ

大き目の次男の方の察合台が背子弟［せこだい］、小さめの三男の窩闊台が幼弟［わかだい］と読めます。負《おんぶ》されているのと、抱《だっこ》されているくらいの年齢差です。弟の字を［タイ］とか［ダイ］とか読むのは漢語です。おそらく漢語の借用語なのでしょう。

幼弟の幼の字は［わか］で、これはモンゴル語の［Ögödei］とは全く異なる声音ですが、これを同義遷訓で小児［おご］だとすると、声音は一致します。和語の熟字訓のようなもので、同義遷訓と考えればいいのではないでしょうか。漢字からなる単語に、単字単位ではなく熟語単位で訓読みを当てたものが、熟字訓と呼ばれています。そうすると背子弟［せこだい］の背子は、稚児［ちご］の熟字訓でしょうか。

漢語の借用語の他に、仮名書きは、察合台も窩闊台も音仮名であって、漢語の影響が表れていますし、どうもモンゴル語は、漢語と倭語のハーフ言語のようです。

しかし、解読できた単語が少なすぎて、もう一つ自信が持てません。これまでのところ、魏志倭人伝の列島倭語にせよ、匈

表-102　窩闊台（オゴデイ）Ögödei

訓読	倭真名	声音	倭仮名	音、訓、万葉仮名
わか（幼）（＝おご、小児）	幼	ワ	窩	**ワ**（呉）（漢）、むろ、あな、いわや、かくす
		カ	闊	**カ**チ（呉）、**カ**ツ（漢）、ひろい、うとい、とおい、ゆるい
ダイ、デ（呉）、テイ（漢）、おとうと	弟	ダイ	台	**ダイ**、タイ（呉）、タイ（漢）、うてな、しもべ、よろこぶ、われ

奴語にせよ、突厥語にせよ、意味推定が出来る言語は、かなりの程度に根こそぎ解読してきましたが、元史からは、倭語として解読できる単語が少な過ぎるのです。チンギス・ハーンの幼名の鐵木真、長男の術赤、末子の拖雷は、解読出来ていません。少量であれば、多くの場合、理屈を捏ね回せば何とかなるものですから、あまりに少ないのは怪しいのです。

新羅、高句麗、百済の言語

韓国語は、かつての半島の馬韓の言語の後継言語の筈です。馬韓の言語は、倭語でした。朝鮮語族は、漢字の訓読みをほぼ完全に忘れてしまっています。ですから漢語の熟語で書かれる難しい言葉は皆音読みで、和語のような訓読みはありません。易しい日常的な言葉は、韓国語の訓で、韓国語の固有語なのですが、これが和語の固有語である訓とは、殆ど似ていません。これなどは「倭仮名で書いて、音読みで読み上げる」古テュルク語の声音の変遷のメカニズム（倭／漢声変換）を想定すれば、説明できる可能性があります。しかし、違った年代に、違った地域で起こった語彙変化は、違った声音になり、倭語だけでなく、テュルク語族とも殆ど似ていません。おそらく、元になった倭仮名の漢字が違うのです。

三國史記は、半島の高麗の時代に、17代仁宗の命で、新羅、高句麗、百済の三国時代から、統一新羅の末期までを記述した史書です。編著者は、金富軾です。朝鮮半島に現存する最古の歴史書で、西暦1145年の完成だそうです。成立はかなり遅いようです。この頃の中国は、北の女真族の金朝と、南の宋朝（南宋）の並立時代です。チンギス・ハーンの誕生が1162

年ですから、モンゴルの興隆前夜という状況です。列島は平安時代の後期です。

◇朱蒙

三國史記の高句麗本紀第一は、『始祖、東明聖王、姓高氏、諱朱蒙』で始まります。朱蒙は、高句麗の最初の王の諱《いみな》です。朱蒙の朱の字は、倭訓に［あけ］［あか］［あき］があり、倭音は［ア］でしょう。朱蒙の蒙の字は、倭訓に［おおう］［くらい］があるので倭音は［オ］か［ク］であろうと思います。［オ］ならば朱蒙は［アオ］になり、黄帝神話の青氏のことを言っていると考えられます。黄帝自身が文祖［アオ］であるし有虞、有男、昌意、文命、朕虞、天乙など［アオ］と読める名称は事欠きません。

［ク］ならば朱蒙は［アク］になり、これは最初を意味する「明《あ》く」でしょう。黄帝神話の中では、黄帝の国自体が有熊［アク］であったので、高句麗の神話も、黄帝神話の系統のようです。しかし、朱蒙が［アオ］なのか、それとも［アク］なのか決めかねる書き方です。

高句麗本紀第一は、そのもう少し後で『扶餘俗語、善射爲朱蒙』と、さらに、分かり難いことを言っています。金富軾先生の理解では、高句麗語は扶餘語のようです。もっとも、陳寿先生の魏志高句麗伝でも、高句麗と扶餘の言語は同じ、と言っています。

善射は「的中《テキチュウ》する」の意味ですから、これは倭語では「当《あ》つ」です。ですから朱蒙の声音が［アッ］だと言っているのです。［アッ］の真名は敦の字で、黄帝神話では帝啓が有扈［アッ］、商朝の母系の有娀、有莘が［アッ］、周朝の母系が有部［アッ］、帝顓頊の母系が昌僕［アッ］、商朝の名宰相の伊尹がまた阿衡［アッ］です。さらに匈奴の冒頓単于の氏姓の淳維が［アッ］です。

金富軾先生、天空人の黄帝神話も、その言語の倭語もよく理解しておられるのは分かるのですが、倭音を転がして多くのことを言い過ぎています。これでは朱蒙の声音が分からなくなります。始祖の名前が漢語訳で東明聖王なのですから、明の字は最初の意味で、扶餘語の［アク］、聖の字は「徳が有る」の意味で扶餘語の「アッ」で敦の字、西の中華の黄帝に対して東だ、と言って下されば、すんなりと理解出来たのに。おそらく、諸般の事情から黄帝の王統であるとは、表《おもて》立《だ》って言えなかったのでしょう（表ー１０３）。

朱蒙を呉音で読むと［スム］、漢音で読むと［シュボウ］、一般的には［シュモウ］です。現在の韓国語の音読みでは［チュモン］だそうです。それぞれ、よく似ていて、しかしチョット違います。

表-103　朱蒙

音、訓、万葉仮名	倭真名	声音	倭仮名	音、訓、万葉仮名
ミョウ（呉）、メイ（漢）、ミン（唐）、**あく**、あかるい、あきらか、あける、あけ	明	ア	朱	ス（呉）、シュ（漢）、**あ**け、**あ**か、**あ**き
		ク	蒙	ム（呉）、ボウ（漢）、モウ（慣）、こうむる、おおう、**く**らい、も甲（仮）

朱蒙は［アク］で最初の意味です。現在韓国語の固有語（訓）では、最初の意味を［チョウム］と言います。現在韓国語の固有語の訓と、朱蒙の音が、ほぼ同じです。

なにが起こったか。おそらく、倭音の［アク］を訓仮名で朱蒙と書き、朱蒙を音読みで読み上げて［チョウム］になったのです。これは、倭語から古テュルク語への変化と同じものです。

これが史記の黄帝の有熊［アク］から変遷すると、韓国語の最初は［ユーン］になっていた筈です。最初が［チョウム］になったのは、時の運です。倭語＝扶餘語から韓国語への変遷時期に、「明《あ》く」を朱蒙と書いていたので、最初が［チョウム］になったのでしょう。

高句麗語は、扶余語であり、倭語であるようです。

表-104　朱蒙の韓国語声音

漢字	ハングル	マッキューン＝ライシャワー式	片仮名
朱蒙	주몽	chu mong	チュモン

表-105　「明く」の韓国語声音

倭語	ハングル	マッキューン＝ライシャワー式	片仮名
明く（最初）	처음	ch’ŏ ŭm	チョウム

表-106　有熊の韓国語声音

漢字	ハングル	マッキューン＝ライシャワー式	片仮名
有熊	유웅	yu ung	ユーン

◇琉璃明王、類利、孺留

類利は、高句麗の二代目の王で、初代の東明聖王＝朱蒙の子です。三國史記の高句麗本紀第一の中では、『琉璃明王立、諱類利、或云孺留、朱蒙元子』と書かれています。初代の朱蒙が倭語で「明く」であったのですから、その子で二代目の類利が倭語で如何いう言葉であったかは、容易に想像することが出来ます。類利は乙［おと］である筈です。

その心算《つもり》で、類利の類の字を調べて見ると、意味の中に「凡《おおよ》そ」があり、倭音は［オ］であるようです。類利の利の字は、倭訓に［とし］があり、倭音は［ト］であるようです。そうすると、類利は［オト］で、推定は正解のようです（表－107）。

類利の和語の音読みは［ルイリ］ですが、韓国語では［リュリ］と読み、互いによく似た声音です。

表-107　類利

音、訓、万葉仮名	倭真名	声音	倭仮名	音、訓、万葉仮名
オツ、オチ（呉）、イツ（漢）、きのと、**おと**	乙	オ	類	ルイ（呉）（漢）、たぐい、にる、**お**およそ、る（仮）
		ト	利	リ（呉）（漢）、するどい、きく、**と**し、よい、もうけ、かしこい、さとい、り（仮）、と甲（仮）

表-108　類利の韓国語声音

漢字	ハングル	マッキューン=ライシャワー式	片仮名
類利	류리	ryu ri	リュリ

琉璃明王の琉璃の和語の音読みは［ルリ］で、時には瑠璃［ルリ］とも書きます。［ルリ］は別名をラピスラズリと言い、美しい青色の宝石のことです。またガラス、或いはコバルトガラス（青色ガラス）の古い呼称でもあります。韓国語では現在でもガラスのことを瑠璃と書くようです。琉璃は韓国語では［リュリ］、あるいは転化して［ユリ］だそうです。類利と琉璃は韓国語では同音です。他にも、仏教では、極楽浄土のことを瑠璃というようです。

ここまで言うと、何が起こったのかは明らかでしょう。乙［おと］を倭仮名で表記して類利と書き、類利を韓国語で音読みして［リュリ］とし、［リュリ］を同音の青色の宝石の琉璃を借りて書き直したのです。

わざわざ青色の宝石の琉璃の字を充てているのは、黄帝神話の青氏を意識しているのでしょう。

それでは、類利の別名である孺留はどうなっているでしょう。孺留の孺の字の倭訓には［おさない］があるので、倭音は［オ］です。孺留の留の字の倭訓には［とまる］があるので、倭音は［ト］です。孺

表-109　孺留

音、訓、万葉仮名	倭真名	声音	倭仮名	音、訓、万葉仮名
オツ、オチ（呉）、イツ（漢）、きのと、**おと**	乙	オ	孺	ニュウ（呉）、ジュ（漢）、**お**さない、ちのみご
		ト	留	ル（呉）、リュウ（漢）、**と**まる、**と**どまる、**と**める、る（仮）

留もまた、［オト］で乙です（表-109）。

現在の韓国語で孺留を読み上げると［ユリュ］で、琉璃の［リュリ］の転化した［ユリ］と似た発音になります。孺留は琉璃を真名に見立てて、琉璃の声音を音仮名で表記したものですが、原意の乙の字の倭仮名表記にもなっています。前の類利にしろ、この孺留にしろ、高句麗語＝扶余語＝倭語で読めば乙［おと］で、韓国語で読めば琉璃［リュリ］であるという、二面性があり、変則的ですが、気の利いた頭の良い記法をしているのには驚かされます。

◇温祚王

温祚王は、三國史記の百濟本紀第一に出てくる、百濟の最初の王です。原文では『百濟始祖、温祚王、其父鄒牟。或云朱蒙。自北扶餘逃難、至卒本扶餘』と書かれています。普通は『或云朱蒙』を『其父鄒牟』に掛かっていると理解して、温祚王は朱蒙（高句麗の初代）の子供と考えるようです。しかし朱蒙は「明《あ》く」で、最初の意味ですから、『或云朱蒙』は百濟の最初の王の温祚王に掛かっている筈です。

温祚の温は倭訓に［あたたか］が有るので、倭音は［ア］でしょう。温祚の祚は倭訓に［くらい］が有るので、倭音は［ク］でしょう。温祚の二文字では［アク］で、倭語の「明《あ》く」で、最初の意味です。温祚と朱蒙は、扶余語=倭語では、同義で同音です（表－110）。

温祚を音読みすると、［オンゾ］とか［ウンソ］とか、韓国語で最初を意味する［チョウム］とは似ても似つかぬ声音になります。温祚の［アク］は、韓国語には引き継がれなかった、時の運の無かった表記のようです。

◇朴氏

朴氏は、三國史記の新羅本紀第一に出てくる、新羅の最初の王の姓です。原文では『始祖姓朴氏、諱赫居世、前漢孝宣帝五鳳元年甲子四月丙辰一曰正月十五日卽位、號居西干、時年十三、國號徐那伐。』と書かれています。前漢孝宣帝五鳳元年は、紀元前57年です。また、朴の字を説明して、『辰人謂瓠爲朴、以初大卵如瓠、故以朴爲姓、居西干、辰言王或云呼貴人之稱。』と書いています。辰人は、魏志韓伝の辰韓で、中国の秦からの移民の秦人で、辰國の監統皇を出した人たち

表-110　温祚王

音、訓、万葉仮名	倭真名	声音	倭仮名	音、訓、万葉仮名
ミョウ（呉）、メイ（漢）、ミン（唐）、**あく**、あかるい、あきらか、あける、あけ	明	ア	温	オン（呉）（漢）、ウン（唐）、**あ**たたか、たずねる、ぬくもる、ぬるい
		ク	祚	ゾ（呉）、ソ（漢）、**く**らい、さいわい、よし

のようです。

『辰人謂瓠爲朴』なかなか難しい言い方です。瓠の字は工芸作物の瓢簞《ヒョウタン》のことです。丸い瓢簞は、薄く長く剝《む》いて、干して干瓢《カンピョウ》にし、煮《に》たり、巻き寿司の具にして食べるので、食用にしない訳《わけ》ではありませんが、昔は大部分、工芸用途です。丸い瓢簞は二つに割って、椀《ワン》にします。二連球型のものは、種を突《つ》つき出して中空にし、水筒にします。首の細長く伸びたものは、二つに割って、杓子《シャクシ》です。その中で、代表的な用途は、椀《ワン》でしょう。

朴の字は、倭訓が［ほう］です。ですから辰人の言語では、［ワン］のことを［ホウ］と言うのです。これが金富軾先生の教える、『姓朴氏』の原意です。韓国語の王［wan］［ワン］や漢語の王［wang］［ワン］は、辰人の言語の王［ホウ］である。列島の倭語では、少し訛って、王の音読みは呉音も漢音も［オウ］になっています。漢字の声音を、扶餘語＝倭語の訓読みで指示する、変わった指示の仕方をしています。普通は、声音の指示は音写か音仮名です。やはり、扶餘語が倭語であったのは、間違いなさそうです（表-111）。

表-111　朴

音、訓、万葉仮名	倭真名	声音	倭仮名	音、訓、万葉仮名
オウ（呉）（漢）、おおきみ	王	ホウ	朴	ホク（呉）、ハク（漢）、ボク（慣）、**ほう**、ほお

辰人の言語は、中国の秦朝時代の漢語だと思いますが、現在の漢語とは大分と声音が違うようです。また、倭語の音読みは、現在の漢語よりも、辰人の言語の音読みに似ているようです。

韓国語では、朴の字を［パク］と読みます（表－112）。ここでも、倭訓の［ほう］が、漢語の［パク］に置き換わったことが分かります。今の韓国語では朴の字の原音を忘れただけでなく、姓の朴の原義も忘れています。朴は辰語＝秦語の王です。

◇赫居世

赫居世は、新羅の最初の王の諱です。ここまで来ると、赫居世の赫居は「明《あ》く」で［アク］、世の字は倭真名で、世代を意味する［よ］であろう

表-112　朴の韓国語声音

漢字	ハングル	マッキューン=ライシャワー式	片仮名
朴	박	pak	パク

表-113　赫居世

音、訓、万葉仮名	倭真名	声音	倭仮名	音、訓、万葉仮名
ミョウ（呉）、メイ（漢）、ミン（唐）、**あく**、あかるい、あきらか、あける、あけ	明	ア	赫	キャク（呉）、カク（漢）、**あ**かい、かがやく
		ク	居	コ（呉）、キョ（漢）、いる、おる、ぐ、すえ、や、けZ（仮）、こZ（仮）
セ（呉）、セイ（漢）、**よ**、せ（仮）、**よ**Z（仮）	世	ヨ	世	セ（呉）、セイ（漢）、**よ**、せ（仮）、**よ**Z（仮）

と、察しが付きます（表ー113）。

居の字を如何したら［ク］と読めるか、これが、この解読の問題点です。倭語では、音も訓も［ク］は有りません。単純に訛りでしょうか。韓国語は［ケ］［キ］、標準漢語は［チェ］、漢語の分派である閩南語は［ク］のようです。閩南と言うのは、今の福建省あたりなので、魏志倭人伝で馴染みの会稽郡の後地です。南方の音が混ざっているのかも知れません。

居の字義は生活とか「生活の場」です。生活の意味では、倭語は「暮《く》らし」と言います。同義遷訓で居の字を「暮《く》らし」と読み、初頭音節の［ク］を倭仮名に使ったのかも知れません。

居の字の「生活の場」の意味では、家の字が同義だろうと思います。家の字には、呉音に［ケ］と［ク］が有り、漢音に［カ］と［コ］が有り、万葉仮名に［け甲］と［へ甲］が有って、［キ］以外のカ行であれば何とでも読めそうです。こう言うのは、訓読みではないので同義遷訓とは言えませんが、漢字の世界では転注と呼ばれているようです。

何方の解釈が正解なのかは決めかねますが、居の字は［ク］と読んで良さそうです。

◇居西干

居西干は新羅の初代王の赫居世の称号で、『居西干、辰言王或云呼貴人之稱。』と説明されています。

居の字の声音を［ク］に固定して考えると、居西の二文字は［クサ］で、種属《シュゾク》を意味する種［くさ］と言っているでしょう。干の字は［カ］で、『辰言王或云呼貴人之稱。』ですから、おそらく真名は監の字で王の意味を表しているものと考えられます。居西干は種監で［くさか］です（表－114）。

居西干の種監［クサカ］は、列島倭語では熟字訓で日下の二文字に充てられています。日下の意味は「天の下」と言うのに等しいと思われ、王とほぼ同義です。古事記の序文の中で、『然、上古之時、言意並朴《すなお》、敷文構句、於字卽難。』と言い、『亦、於姓日下《ひのもと》謂玖沙訶《クサカ》、於名帯《おび》字謂多羅斯《タラシ》、如此之類、随本不改。』と言っている、日下です。

表-114　居西干

音、訓、万葉仮名	倭真名	声音	倭仮名	音、訓、万葉仮名
日下（くさか）	種	ク	居	コ（呉）、キョ（漢）、いる、おる、ぐ、すえ、や、け乙（仮）、こ乙（仮）**くら**し（暮らしの同義遷訓）
		サ	西	**サ**イ（呉）、セイ（漢）、にし、せ（仮）
	監	カ	干	**カ**ン（呉）（漢）、ほす、ひる、ひ乙（仮）

この居西干の種監［クサカ］は、『王或云呼貴人之稱』として漢語的な意味は半島に残り、原音は忘れられています。列島では倭真名訳された日下と共に、原音の［クサカ］が受け継がれています。

このように、古代に半島と列島の間に、言語の交流があったのは間違いありません。しかし、韓国語の古語が和語の祖語であるとか、和語の古語が韓国語の祖語であるとか、そう言う議論は、お門違いと言うところで、ともに倭語の後継言語です。

◇伊梨柯須彌、泉蓋蘇文

蓋蘇文は唐に滅ぼされた高句麗末期の宰相で将軍です。この人物、舊唐書では『蓋蘇文』、三國史記では『泉蓋蘇文』、日本書紀では『伊梨柯須彌』と三カ国の正史に名前が記された人物です。特に三國史記の泉蓋蘇文と、日本書紀の伊梨柯須彌は、高句麗語と倭語の言葉遣いを比較する恰好の材料です。

日本書紀の伊梨柯須彌から順に、解読を進めます。日本書紀ですから、これは万葉仮名だと思って読めば良いのです。これは［イリカスミ］でしょう。伊梨［イリ］は伊利可汗の伊利［イリ］で、倭真名の監統［カス］あるいは宰の字の倭仮名表記を音読みしたものです。これは古テュルク語（突厥語）の［Ilig］です。柯須［カス］は倭真名の監統や宰の［カス］の倭

表-115　伊梨柯須彌

音、訓、万葉仮名	倭真名	声音	倭仮名	音、訓、万葉仮名
イリ（Ilig　監統）	（伊）	イ	伊	**イ**（呉）（漢）、かれ、これ、ただ、**い**（仮）
	（利）	リ	梨	**リ**（呉）（漢）、なし、か
ケン（呉）、**カ**ン（漢）、**か**んがみる、みる、み甲（仮）	監	カ	柯	**カ**（呉）（漢）、え、えだ、くき
トウ（呉）（漢）、**す**べる	統	ス	須	**ス**（呉）、シュ（漢）、しばらく、**す**べからく、まつ、もちいる、もとめる、**す**（仮）
ミョウ（呉）、ビョウ（漢）、**み**たまや	廟	ミ	彌	**ミ**（呉）、ビ（漢）、や、あまねし、いや、いよいよ、つくろう、ひさしい、わたる、**み**甲（仮）、び甲（仮）

仮名でしょう。彌は倭仮名の［ミ］で、倭真名は廟の字です。

三國史記の泉蓋蘇文と、日本書紀の伊梨柯須彌は、同じ意味の言葉の別表現の筈です。そう思って泉蓋蘇文を眺めてみます。泉蓋蘇文の泉の字は、倭訓が［いずみ］で、初頭音節は［イ］ですから、古テュルク語の［Ilig］［イリ］を表す倭仮名表記であると思われます。日本書紀の言う伊梨柯須彌の伊梨［イリ］の、初頭音節表記です（表−115）。

泉蓋蘇文の蓋の字は、呉音漢音に［カイ］が有るので［カ］でしょう。泉蓋蘇文の蘇の字は、呉音の［ス］でしょう。蓋蘇では［カス］で、真名の監統あるいは宰の字の倭仮名であることが分かります。日本書紀の言う伊梨柯須彌の柯須と、同義同音です。

泉蓋蘇文の文の字は、倭訓に［あや］が有るので、おそらく吾屬［あや］でしょう。日本書紀の伊梨柯須彌では、彌の字で宗廟の意味であったところが、吾屬［あや］に替わっています（表−116）。

高句麗滅亡の寸前のこの時期、半島はまだ倭語だったことを窺《うかが》い知ることが出来ます。さらに倭語に古テュルク語（突厥語）が借用されており、大陸の北方は西戎も東夷も、言語が行き来する、大きな言語の交流圏があったものと思われます。

表-116　泉蓋蘇文

<table>
<tr><th>音、訓、万葉仮名</th><th>倭真名</th><th>声音</th><th>倭仮名</th><th>音、訓、万葉仮名</th></tr>
<tr><td>イリ（Ilig　監統）</td><td>(伊利)</td><td>イ</td><td>泉</td><td>ゼン（呉）、セン（漢）、いずみ</td></tr>
<tr><td>ケン（呉）、カン（漢）、かんがみる、みる、み甲（仮）</td><td>監</td><td>カ</td><td>蓋</td><td>カイ、ゴウ、ガフ（呉）、カイ、コウ、カフ（漢）、ふた、おおい、おおう、けだし、なんぞ</td></tr>
<tr><td>トウ（呉）（漢）、すべる</td><td>統</td><td>ス</td><td>蘇</td><td>ス（呉）、ソ（漢）、よみがえる</td></tr>
<tr><td>グ（呉）、ゴ（漢）、われ、わが、あ、あが、ご甲（仮）</td><td>吾</td><td>ア</td><td rowspan="2">文</td><td rowspan="2">モン（呉）、ブン（漢）、ふみ、あや、かざる、ぶ（仮）</td></tr>
<tr><td>ショク、ゾク（呉）、ショク（漢）、さかん、つながる、やから</td><td>屬</td><td>ヤ</td></tr>
</table>

こうして見ると、日本書紀の伊梨柯須彌では、音仮名ばかりですが、高句麗語の泉蓋蘇文では、泉の字と文の字が訓仮名になっており、三國史記の高句麗語の方が、日本書紀の和語よりも、より倭語らしい表現をしていることが分かります。

◇半島倭語の感想

倭仮名で書いて、音読みで読み上げる、これが倭語から韓国語や古テュルク語への変遷の主要なメカニズムです。これは倭/漢声変換です。

三國史記の倭語解読は、著者の金富軾先生が、単語の意味の解説だけでなく、声音の指示までしているので、かなり楽でした。ただし、楽に解読出来る単語が少ししか無いので、解読できた単語の数は少ししかありません。想像を逞しくすると、もっと多くが解読できるのですが、そうすると怪しい解読が多くなるので、差し控えています。

そもそも私は韓国語が分からないので、辞書を引くのが大変です。漢字辞典で出てくるハングル表記を韓和辞典で解釈する。逆に和韓辞典に和語を入れて、ハングル文字に変換する。出てきたハングル文字をまた韓和辞典に入れて、仮名声音に変換する。行ったり来たりの連続です。辞書を引くのが大変で、疲れる作業です。怪しい解読までして、数を稼ごうと言うファイトが湧かなかった、とも言えます。

和語と韓国語が古代に同じであったという議論は、昔からあったようです。戦前の列島では、大多数の国民のプライドが許《ゆる》さん議論であったと思われますが、一部の言語の先生は真面目に真理探究をされたようです。しかし、大日本帝国による韓国併合と同化政策を正当化する理論となったとして、戦後は嫌厭《ケンエン》された議論のようです。

そう言うご時世の中で、万葉集の和歌が韓国語の古語として意味が取れる、万葉集の和歌を詠んだのは古代の韓国人である、と言う趣旨の議論が韓国側から持ち込まれ、一大ブームに成ったことが有りました。内容的には、仮名漢字に韓国語の訓を充てて読む、あるいは、漢字に韓国語の音を充てて読んで、出てきた声音の連なりを韓国語で解釈するというものです。私の解読も訓仮名を充てたり、音仮名を充てたり、適宜織り交ぜているので、よく似た方法であるのは、間違いありません。大きな違いは、意味予測をしないで、場当たり的に意味を充てていくところにあります。どんな言語であっても、声音が似た単語と言うのは必ずあるので、それを語呂合わせ的に読んで、歌が詠まれたシーンや文意とは無関係に、韓国語の意味を当て嵌めて行くことはできます。だから和歌を韓国語の古語として読むことは出来るのですが、それで解読したと考えるのは、やはり無茶だと思います。しかし無茶読みであっても、それらしき意味を引き出せているところも無いでは無い。悩ましいところです。さらに言語が専門の多くの先生方が、この頃《ころ》を例にとって、「素人の系統論は信用できない」と言っています。今、三国史記の韓国語の上代古語を解読してみると、和語の祖語が韓国語の古語ではなくて、韓国語の上代古語の方が倭語であって、和語のルーツの追究としては、興《きょう》ざめです。しかし、「素人の系統論は信用できない」は私も言語の素人ですから、「悩ましい」を通り越して、憂鬱で気が変になりそうです。素人であっても、理解力や追究能力を持った人は、大勢いるのですよ。チョット言い過ぎです。

今、三國史記の中に残る韓国語の上代古語を解読してみると、韓国語の上代古語の方が、倭語=扶余語であって、それも随分と後まで、倭語=扶余語を引きずっていたようです。ですから、系統論としては、万葉集の和歌が韓国語の古語であるとして解読する意義は、薄いでしょう。

先生方によると、言語の系統が同じであることを証明するには、厳密にあてはめられた音韻の対応法則を見つけ、それが広範囲にわたって適用される必要がある、のだそうです。音韻の対応法則と言うのは既に見つけています。「倭音の法則」と倭/漢声変換が音韻の対応法則に相当します。ただし、この音韻の対応法則と言うのは、比較言語学の音韻論（phonology）の音韻対応法則とは、似ても似つかない別物です。また、広範囲にわたる適用が必要と言われましても、倭語の声音と意味との対応関係が明らかで、意味のある解読の出来る仮名漢字書きの倭語単語を見つけ出すのが難しいのです。

数の問題に対応するために、多数の漢籍の史書から、意味のある解読の出来る仮名漢字書きの倭語単語を寄せ集めて、数を稼いだのです。薄く、広く、作戦です。それで、このレポートは、三國志、漢書、史記、後漢書、魏書、周書、隋書、舊唐書、三國史記と渡り歩くことになりました。

しかし、真名変換で出てくる単語は、統治や祭祀の役割、それから王統を示す言葉が多く、内容が著しく偏っています。倭仮名表記の背後にある倭訓の単語は、かなり色々な分野に跨《また》がってバリエーションが多いのですが、それでも、基礎語彙表を埋めるほどには多彩ではありません。これはもう限界でしょうか。

一方では、基礎語彙表を作成して、同じ意味の単語に対する声音の類似を統計学的に検証した研究では、韓国語と和語の声音の類似は、確率的に偶然の範囲をいくらも出ないので、系統関係は無い、あるいは、系統関係が在ったとしても、分岐の時期を有史以前の太古のこととしているようです。

親子や兄弟は、よく似ている。その似ている度合いを確率と言う名で数値化しただけのことで、別段、統計学を引き出す必要も無いように思います。韓国語と和語の語彙声音は、あまり似ていません。その統計学も、他人の空似《そらに》や、似《に》ていない兄弟《キョウダイ》を見破《みやぶ》れるようになれば、大《タイ》したものですが、今のところ、そこまでは行かないようです。

私の言う倭／漢声変換は、「倭仮名で書いて、音読みで読み上げる」わけですが、そもそもの倭仮名の使われ方が好き勝手で、統一性がありません。その内で、音読みで読み上げて、後世に引き継がれる声音は、多数の倭仮名表記の中の偶々《たまたま》の一つだけなので、外見上は偶然に声音が変化したように見える筈です。そうであれば、語彙声音の類似が確率的に偶然の範囲をいくらも出ないのは、倭／漢声変換が成り立っている証明である、と受け取ってもよいことになります。

統計手法そのものは、科学的な手段ですが、このように想定外の声音の変遷のメカニズムが作用する場合には、統計手法は誤った結論を導きます。倭／漢声変換のような、語彙声音の変換は、文字を持たなかった言語や、印欧語族のような、表音文字を使う言語では、有り得ないものです。表音文字を使う言語で成功した統計手法を、そのまま漢字文化圏に適用しても、上手くはいかないでしょう。

先に変遷のメカニズムを見極めるべきなのです。そのためには、声音と意味とを形式的に比較していても、始まりません。解読あるのみ、なのです。

遣隋使の残した倭語

長らく列島を離れて大陸の倭語を追跡してきました。今度は話を変えて、中国の正史の中に残る列島倭語を追跡していきます。

◇阿毎

かつて、黄帝の末裔で、月氏の末裔も自称していた隋朝に、黄帝の末裔で天空の仲間だった倭國から、使者が遣ってきます。第一回の遣隋使です。隋書の列傳第四十六東夷の中に俀國傳があります。隋書では、倭のことを俀と書いています。

隋書は書いています。『開皇二十年、俀王姓阿毎、字多利思北孤、號阿輩雞彌、遣使詣闕。』開皇二十年は、西暦６００年、時の皇帝は初代の高祖文帝です。「俀王の、姓は阿毎、字は多利思北孤、號は阿輩雞彌と言う者が、使者を遣はして宮殿に詣でた。」

西暦６００年は、日本書紀によると、推古天皇の八年、時の天皇は女帝の推古天皇、摂政は厩戸皇子（聖徳太子）だった筈です。しかし、何故かこの記事は日本書紀には出て来ません。日本書紀にとっては、この記事は諸般の事情で削られたものであるようです。

俀王の姓は阿毎です。阿の字は、既に魏志韓伝でお馴染みになった［ア］です。毎の字は、呉音が［マイ］、倭訓が［ごと］［つね］［むさぼる］［かず］ですから、倭音の候補は［マ］［ゴ］［ツ］［ム］［カ］です。おそらく、阿毎は［アマ］で天空です。解読結果は表－117の通りです。

この時代、突厥の大帝国は東西分裂（西暦582年）していますが、依然として強力で隋朝にとっての北の脅威であり続けています。突厥も月氏の本統を自称する天空人ですが、ここに来て倭人が天空人を自称して遣って来たのです。そんなことを考えながら、隋書を読むと、この遣り取りはなかなか面白いものが有ります。

表-117　阿毎

音、訓、万葉仮名	倭真名	声音	倭仮名	音、訓、万葉仮名
あま（天空＝匈奴）	天	ア	阿	**ア**（呉）（漢）、きた、おか、**あ**わ、**あ**ず、ほとり、おもねる、な、くま、**あ**（仮）
	空	マ	毎	**マ**イ（呉）、バイ（漢）、ごと、つね、むさぼる、かず、つね

◇多利思北孤

俀王の字名は多利思北孤です。多の字は呉音が［タ］で倭訓が［おおい］［あまた］で、倭音の候補は［タ］［オ］［ア］です。利の字は呉音が［リ］で倭訓が［するどい］［きく］［とし］［よい］［もうけ］［かしこい］［さとい］で、倭音の候補は［ス］［キ］［ト］［ヨ］［モ］［カ］［サ］と沢山あります。しかし姓の阿毎が天空［あま］で周、匈奴、鮮卑と同じなのですから、黄帝神話や天空［あま］に所縁《ゆかり》の名前である筈です。そういう先入観で多利の倭音の候補を眺めてみると、多利は［オト］で、大弟で、乙で、冒頓（匈奴の単于）で、特勤（突厥の王子）でしょう。前の阿毎から続けると天空乙で天乙（殷の初代の湯王）も有り得ます。冒頓や天乙とくると、その次の思北孤は、天空人の大王の意味の筈です。思の字は倭訓が［おもう］で、倭音は［オ］です。北の字は、倭訓が［きた］で、倭音は［キ］です。孤の字は、倭訓が［ひとり］［みなしご］で、倭音の候補は［ヒ］［ミ］です。こうしてみると思北孤は、夏后以来の伝統の大王［おおきみ］でしょう（表－118）。

多利思北孤は乙大王［おとおおきみ］です。隋朝自体も月氏天空人の末裔ですから、この倭語での名乗りは、背後に黄帝から続く天空人の歴史認識である黄帝神話があることが分かったと思います。

表-118　多利思北孤

音、訓、万葉仮名	倭真名	声音	倭仮名	音、訓、万葉仮名
おと（乙）	大	オ	多	タ（呉）（漢）、**おお**い、あまた、ずっと、どの、なんと、どんなに、ふえる、あまり、た（仮）、だ（仮）
	弟	ト	利	リ（呉）（漢）、するどい、きく、**と**し、よい、もうけ、かしこい、さとい、り（仮）、と甲（仮）
おおきみ（大王）	夏	オ	思	シ（呉）（漢）、**お**もう、し甲（仮）
	后	キ	北	ホク（呉）（漢）、**き**た、そむく、にげる
		ミ	孤	ク（呉）、コ（漢）、そむく、ひとり、**み**なしご、こ甲（仮）

多利思は、意味は乙大ですが、音読みすると［タリシ］です。この［タリシ］は、日本書紀には沢山出て来ます。世襲足媛命（5代孝昭天皇の皇后）、日本足彦国押人尊（6代孝安天皇）、世襲足媛命（5代孝昭天皇の皇后）、大足彦忍代別尊（12代景行天皇）、稚足彦尊（13代成務天皇）、足仲彦尊（14代仲哀天皇）、氣長足姫尊（14代仲哀天皇の皇后、神功皇后）、中蒂姫命（20代安康天皇の皇后）。日本書紀は、もともと倭仮名での表記であったものを音読し、足の字に充てていると思われます。更に足の字を［たらし］と読み替えて蒂の字に充て直しています。古事記では、多くの場合、帯の字に充てています。

北孤［キミ］の意味は后で王ですが、音読みすると［ホコ］です。この［ホコ］は、日本書紀にはあまり出て来ません。垂仁天皇記には『新羅王子、天日槍』があって、半島からの渡来人です。古事記では、『新羅國主之子、名謂天之日矛』で、字が変わっています。古事記はさらに、天之日矛から息長帯比売命（14代仲哀天皇の皇后、神功皇后）に至る6代の系譜を伝えています。日本書紀も古事記も、常世国［とこよのくに］から非時香菓［ときじくのかくのみ］（橘、ミカン）を持ち帰った田道間守を天日槍の4代の子孫としており、この天日槍と言う人、古代の超有名人のようです。

［タリシ］にしろ［ホコ］にしろ、元々は訓仮名であったものを、音読みしたものであると思われます。それだけを見ると、ここでも倭／漢声変換が行われていると見ることが出来ます。

しかし、［タリシ］を足の字に充て、［ホコ］を槍の字に充てて、足の字や槍の字を訓読みしている。これは意味を無視した当て字で、多音節の訓仮名です。その分、原意が分からなくなっていますが、訓読みの習慣だけはたもたれている。どうも和語と言うのは、漢字の訓読みに思い入れの強い言語であったようで、そのために多くの倭訓が生き残ったようです。この辺りが、漢字の訓読みを棄てた、突厥語や韓国語と違うところなのでしょう。

◇阿輩雞彌

俀王の称号は阿輩雞彌です。阿の字は、おなじみの倭音［ア］で、倭真名は吾の字でしょう。輩の字は、倭訓［やから］で、倭音は［ヤ］、倭真名は屬の字でしょう。阿輩は、吾屬で、魏志韓伝の安邪の別の表現です。

次の雞の字は、倭訓が［とり］で、倭音が［ト］です。倭真名は宗の字。その次の彌の字は、呉音なら［ミ］ですが、漢音は［ビ］です。倭真名は廟の字でしょう。雞彌は宗廟で［トミ］です。

表I—119に解読表を付けておきます。

表-119　阿輩雞彌

音、訓、万葉仮名	倭真名	声音	倭仮名	音、訓、万葉仮名
あや（吾屬＝屬女）	吾	ア	阿	**ア**（呉）（漢）、きた、おか、**あ**わ、**あ**ず、ほとり、おもねる、な、くま、**あ**（仮）
	屬	ヤ	輩	ヘ（呉）、ハイ（漢）、ばら、**や**から、**や**かい、ともがら
とみ（宗廟）	宗	ト	雞	ケ（呉）、ケイ（漢）、にわとり、**と**り
	廟	ミ	彌	**ミ**（呉）、ビ（漢）、や、あまねし、いや、いよいよ、つくろう、ひさしい、わたる、**み**甲（仮）、び甲（仮）

◇雞彌

俀王の妻については、『王妻號雞彌、後宮有女六七百人。』としています。俀王の称号が阿輩雞彌で、俀王の妻は雞彌ですから、この雞彌は宗廟で、［トミ］です。表－120に解読表を付けておきます。

この時代、俀王の妻が宗廟の女王で、魏志倭人伝の卑彌呼女王の役割を担っていたようです。

◇利歌彌多弗利

『名太子爲利歌彌多弗利。』太子の名前は、利歌彌多弗利です。二文字目の歌の字は、倭訓が［うた］、三文字目の彌の字は、倭音が［ミ］です。おそらく、歌彌は［ウミ］で「産み」ではないかと思われます。

歌彌が［ウミ］で「産み」だとすると、太子を生むのは俀王の

表-120　雞彌

音、訓、万葉仮名	倭真名	声音	倭仮名	音、訓、万葉仮名
とみ（宗廟）	宗	ト	雞	ケ（呉）、ケイ（漢）、にわとり、**と**り
	廟	ミ	彌	**ミ**（呉）、ビ（漢）、や、あまねし、いや、いよいよ、つくろう、ひさしい、わたる、**み**甲（仮）、び甲（仮）

妻に決まっています。一文字目の利の字は、倭訓に［とし］があります。倭音は［ト］で、倭真名は［ト］を初頭音節にもつ、俀王の妻の意味の言葉です。それは宗廟［トミ］です。

多弗利は、太子の意味です。多の字は［オ］です。同じ隋書で多利思北孤は［オトオオキミ］と読めています。多の字の［オ］は既読です。

多弗利の弗利は、おそらく［フト］です。弗の字は漢音が［フツ］です。利の字は、倭訓の中に［とし］が有ります。両方の声音の初頭音節を合わせれば［フト］です。これは太の字の倭訓と同音ですが、仏教を表す浮屠［フト］とも同じ音声です。弗利を太だとすると、多弗利は大太になってしまいます。聖徳太子がそんなにデブだったとは思えません。弗利は浮屠［フト］で仏の意味であると考えられます。そうすると多弗利は［オオフト］で大仏です。利歌彌多弗利の全体では、「宗廟生み大仏」です。表－121に解読表を挙げておきます。

既に見てきた陳寿の三國志の中にも、浮屠は沢山出てきています。今回、私が参照している三國志には、普通に裴松之の注と言うものが付属しています。裴松之は晋の末期から南北朝時代の宋の初めにかけて活躍した歴史家で政治家だそうです。西暦４２９年に上表文と共に、陳寿の三國志に注を付けて、宋の文帝に献上したとのことです。

陳寿の三國志は、信頼性の低い史料を排除して、簡潔な内容になっています。それを裴松之が補って、大量の注釈を付けています。浮屠は三國志、魏書、烏丸鮮卑東夷傳第三十の中の倭

表-121　利歌彌多弗利

音、訓、万葉仮名	倭真名	声音	倭仮名	音、訓、万葉仮名
とみ（宗廟）	宗廟	ト	利	リ（呉）（漢）、するどい、きく、**と**し、よい、もうけ、かしこい、さとい、り（仮）
うみ（産み）	産	ウ	歌	カ（呉）（漢）、**う**た、**う**たう
		ミ	彌	**ミ**（呉）、ビ（漢）、や、あまねし、いや、いよいよ、つくろう、ひさしい、わたる、**み**甲（仮）、び甲（仮）
おおふと（大仏）	大	オ	多	タ（呉）（漢）、**おお**い、ずっと、どの、なんと、どんなに、ふえる、あまり、た（仮）、だ（仮）
	（浮）	フ	弗	ホツ（呉）、**フ**ツ（漢）、ず
	（屠）	ト	利	リ（呉）（漢）、するどい、きく、**と**し、よい、もうけ、かしこい、さとい、り（仮）

注）倭真名欄の（ ）書きは、仮名。

人伝の直ぐ後ろの、烏丸鮮卑東夷傳を締め括る総括部分に集中的に出て来ます。そもそも三國志には、西戎列伝とか北狄列伝のような、北方、西方を専門的に扱った章立てが無く、全てが烏丸鮮卑東夷傳第三十の中に簡略に記載されるだけです。そこで裴松之が、大量の注釈を付けて北方、西方の様子を補っています。

『魏略西戎傳曰』と引用元を明示して、『南道西行、且志國、小宛國、精絶國、樓蘭國皆幷屬鄯善也。戎盧國、扜彌國、渠勒國、（穴山國）［皮山國］皆幷屬于寘。』と書いています。于寘はタリム盆地の南ぐらいの所です。続いて『罽賓國、大夏國、高附國、天竺國皆幷屬大月氏。』と書いています。大月氏は匈奴に追われて西に移動した月氏の末裔ですが、それが天竺國（インド）にまで達していたようです。これに続けて『臨兒國、浮屠經云其國王生浮屠。浮屠、太子也。』と書いています。臨兒國が釈迦《シャカ》の生国のようです。浮屠経（仏教の経典、お経）によると、臨兒國の王が浮屠を生んだ。だから浮屠とは太子のことだ、と言っています。これは、魏略の著者の魚豢の見解のようです。太の字を［ふと］と読むのは、倭訓でしょう。どうも、魏略の作者である魚豢が、太の字の倭訓が［フト］であることを知っていて、天空人の倭語を取違ったのではないかと思われます。魚豢先生も、結構倭語を知っているようです。

ただ魚豢先生の浮屠の解釈には、私は納得出来ません。浮屠の浮の字は、倭訓は［うく］ですから、元々の倭音は［う］でしょう。呉音は［ブ］、漢音は［フ］です。屠の字は、倭訓は［さく］［ほふる］で、元々の倭音は［さ］か［ほ］ですが、屠の字の意味の中に「解体して精肉する」があり、同義の「潰《つぶ》す」も有り得ます。鶏《とり》は潰《つぶ》して鍋《なべ》にして食《く》うからです。ですから同義選訓で倭音［つ］も可能です。屠の字の呉音は［ヅ］［ド］、漢音は［ト］です。浮の字の声音と、屠の字の声音とを、順に縦横に並べて、声音の組み合わせ表を作って表－122に掲げておきます。

倭音どうしの組み合わせである［ウツ］が、おそらく浮屠の最も古い音声でしょう。表中では、セルの下に想定される倭真名を入れています。空と虚が倭真名です。［ウツ］は仏教の根本的な教義です。インド人と接触した天空人たちは、仏教の中心思想を正しく理解したようです。

［ウツ］の系列は、右のセルに続きます。浮の字を呉音で読んで［ブツ］、さらに漢音で読んで［フツ］です。これらの真名は佛、仏です。しか

表-122　浮屠の声音組合せ

浮屠			浮			
			倭音（借訓）	呉音	漢音	標準漢語
			う	ブ	フ	fú
屠	倭音（借訓）	さ	ウサ	ブサ	フサ	
		ほ	ウホ	ブホ	フホ	
		つ	ウツ（空、虚）	ブツ（佛、仏）	フツ（佛、仏）	
	呉音	ヅ	ウヅ	ブヅ	フヅ	
		ド	ウド	ブド	フド	
	漢音	ト	ウト	ブト（太）	フト（太）	
	標準漢語	tú				fútú

し屠の字の声音が倭音のままなので、佛、仏の真名を充てたのは、天空人でしょう。佛、仏は倭真名です。

浮屠を全て漢音で読むと［フト］です。表Ｉ－１２２に示すように、この音声は系列外れで、天空人の側から見て、浮屠の正しい読みとは思えません。［フト］は、倭訓の太の字の声音と同じです。おそらく、魏略の著者である魚豢先生は、太の字の倭訓が［フト］であることを知っていて、一方で釈迦が太子であることを知って、早合点したのだろうとおもいます。

しかし、難解《ややこ》しいことに、漢人側から見れば、浮屠は［フト］で仏の意味であったのでしょう。漢人には浮屠を［うつ］や［ブッ］とは、読むことが出来ません。それで、後の時代になると、［フト］が天空人に逆輸出されて、倭語でも［フト］が仏の意味に使われるようになったのでしょう。

一般的には、浮屠は、サンスクリット語の「知る」や「目覚める」を意味する［Buddha］［ブッダ］の音写であると考えられているようです。仏陀［ブッダ］が［Buddha］の音写であるというのは、発音が極めて近いので納得しますが、浮屠［フト］が［Buddha］の音写であるというのは、如何《いかが》なものでしょう。外来語の漢字表記は、何でも音写と考える習慣は止めた方がよいと思います。胡や狄や蛮夷と蔑《さげす》まれようとも、漢字文化圏の天空人には、天空人なりの漢字遣いがあるのです。

この時代、皇太子は大仏に成り済ましていたようです。奈良時代には、すでに聖徳太子を菩薩とみる伝記があり、その後も太子信仰は隆盛するのですが、その始まりは遣隋使が伝えた、聖徳太子の自称にあったようです。

俀王の姓名は、大空乙大王で、称号は吾屬宗廟です。俀王の妻は宗廟で、太子は宗廟産大仏です。この突飛な名乗りに対して、隋の高祖文帝は取り敢えず、大人の対応をしたようです。『上令所司訪其風俗。』お上は、所司に命じて、俀王の使者を訪問させ、風俗を問い合わせたようです。

そうしたところ『使者言、俀王以天爲兄、以日爲弟、天未明時出聽政、跏趺坐、日出便停理務、云委我弟。』と言う報告が返ってきます。「俀王の兄は天で、弟は日で、夜に出てきて政務を執る。」と言うことは、俀王は夜に出てくるので、月なのです。月氏の末裔を自称する隋朝を相手にして、華夏に仏教を伝えた大月氏の祖先でもある、月氏を名乗ったのです。よく言うものです。

『高祖曰「此太無義理。」於是訓令改之。』さすがの隋の高祖文帝も、これには腹を立てて「嘘もいい加減にせよ」と口頭の訓令をもって止《や》めさせようとしたとのことです。口で言った程度で止《や》めたかどうかは、分かりません。

◇邪靡堆

隋書が載せている、次の朝貢記録は、607年、その時の皇帝は二代目の煬帝です。俀王が使者を遣わして、朝貢してきた。使者は『聞海西菩薩天子重興佛法、故遣朝拜、兼沙門數十人來學佛法。』と皇帝のことを「海西の菩薩天子」と持ち上げ、「朝拝を兼ねて学生数十人が佛法を学ぶために遣って来た」と、朝拝の目的の一つを明示的に述べたようです。

この時の国書の上表文は『日出處天子致書日沒處天子無恙』と有名な書き出しです。それ以降の文言は『云云』と省略されていて、分かりません。国書を見た途端に、皇帝の煬帝は不機嫌になり、鴻臚卿と言う役人に『蠻夷書有無禮者、勿復以聞。』「蠻夷の書に無禮な者が有る。もう聞きたくない。」と言っています。どうもまだ、天空乙大王や宗廟産大仏が直っていなかったようです。

口頭の訓令では直らないので、次は使者が俀國に派遣されます。608年、文林郎の裴清という役人が俀国に遣ってきます。その渡航の経路が書かれています。『度百濟、行至竹島、南望耼羅國、經都斯麻國、迥在大海中。又東至一支國、又至竹斯國、又東至秦王國，其人同于華夏，以爲夷洲，疑不能明也。又經十餘國，達於海岸。』

竹島は何処なのかよく分かりませんが、耼羅國は今の済州島だと思います。半島と済州島の間の海峡を通過して、「都斯麻國を経由して、遥かなる大海の中にある。また東へ航海して一支國に至る。」そうすると都斯麻國は、五島列島の事でしょうか。一支國は壱岐でしょう。「また航海して竹斯國に至る。」竹斯國は［チクシ］と読めば筑紫のこと、［タケシ］と読めば武鎮で大宰府のことを言っていると思われますが、意味説明が無いのでよく分かりません。何方にしても、壱岐から真東《まひがし》に航路を取ると、博多湾の辺りに行き着いた筈です。「また東へ、秦王國に至る。」秦王國は中国地方の国らしい。「秦王國の人は華夏の人と同じで、この地を何故に夷洲と言うのか、よく分からん」おそらく、秦王國の人は、漢人の分派なのです。「また十餘國を経て海岸に達する。」海岸は今の大阪湾岸でしょう。そのあたりに、俀國の首都があったのでしょう。

俀國の首都の名前は別の所に出て来ます。『都於邪靡堆、則魏志所謂邪馬臺者也。』「都は邪靡堆で、これは魏志の言うところの邪馬臺である。」

邪靡堆の邪の字は、お馴染みの［ヤ］で屬の字です。靡の字は呉音が［ミ］、漢音が［ビ］で、倭真名は廟の字でしょう。邪靡は、屬廟［ヤミ］で、どうも宗廟の所在地と言っているようです。

最後の文字の堆は、呉音も漢音も［タイ］、倭訓は［うずたかい］、意味の中には「高く積みあげる」があるので、［つむ］も可能でしょう。倭音の候補は［タ］［ツ］です。文章を見た限りでは、俀國の都は上陸した港から、近い所にあったようです。そうすると堆の字は、おそらく［ツ］で倭真名は津の字ではないかと思います。表－123に解読表を挙げておきます。

邪靡堆は大和ではないようです。屬廟津で、宗廟の在る港ですから、難波宮のことを言っているのでは無いでしょうか。

◇遣隋使倭語の感想

解読の結果、声音の決まった仮名漢字を表－124に挙げておきます。

解読した倭仮名は15文字で、魏志倭人伝と同様に、万葉仮名と同音の倭仮名は2／15と、僅かしかありません。訓仮名は10／15でメジャーです。音仮名は6／15でマイナーです。これも魏志倭人伝の時代と大差ありません。

万葉集や古事記や日本書紀で使われた万葉仮名と呼ばれる、音仮名の多い一群の仮名漢字は、おそらく遣隋使の後の時代

表-123　邪靡堆

音、訓、万葉仮名	倭真名	声音	倭仮名	音、訓、万葉仮名
ショク、ゾク（呉）、ショク（漢）、さかん、つながる、**や**から	屬	ヤ	邪	ジャ、**ヤ**（呉）、シャ、**ヤ**（漢）、よこしま、**や**、か、**や**ましい、ざ（仮）
ミョウ（呉）、ビョウ（漢）、**み**たまや	廟	ミ	靡	**ミ**（呉）、ビ（漢）、なびく、ない、わける
シン（呉）（漢）、**つ**、しる、ち、と、ず	津	ツ	堆	タイ、テ（呉）、タイ（漢）、うずたかい、**つ**む（積む）

表-124　仮名一覧（隋書）

出現数	漢字	声音	借音	借訓	万葉仮名	真名
3	利	ト		○		
3	彌	ミ	○		○	
2	阿	ア	○		○	
2	多	オ		○		
2	雞	ト		○		
1	北	キ		○		
1	歌	ウ		○		
1	孤	ミ		○		
1	思	オ		○		
1	邪	ヤ	○	○		
1	靡	ミ	○			
1	堆	ツ		○		
1	輩	ヤ		○		
1	弗	フ	○			
1	毎	マ	○			
全22	全15	全15	音6	訓10	万葉仮名2	真名0

のものだと思われます。

訓仮名主体から音仮名主体に替わるのは何時頃か。それは、中国文献を見ていてもよく分かりません。しかし、国内文献の中に、遣隋使の少し後に成立したと考えられる物が有ります。これは「天寿國繍帳銘文」と呼ばれています。「天寿国繍帳」と言うのは、奈良県斑鳩町の中宮寺が所蔵する、飛鳥時代の繊維工芸品で、六角形の枠内に漢字4字ずつの刺繍で銘文が表されていたらしいのです。現存する「天寿国繍帳」は劣化が激しく、僅か20字しか残っていないそうです。この銘文の全文は、平安時代に成立した「上宮聖徳法王帝説」に引用され、飯田先生の考証によって一部の誤脱が訂正されて、４００字の文章に復元されたとのことです。

銘文には、欽明天皇と蘇我稲目宿禰から始まり、推古天皇、聖徳太子、太子妃の橘大郎女に至る家系が書かれており、次に、太子が亡くなって橘大郎女が推古天皇に泣き付いたので、推古天皇か采女に詔《みことのり》を出して繍帳を作らせたことが書かれ、最後に製作に当たった工人と監修者の人名が書かれています。

銘文には、大量の人名が出てくるのですが、これが全て仮名漢字で書かれていて、その仮名漢字の殆どが音仮名です。遣隋使の後、急速に、訓仮名から音仮名に入れ替わったようです。倭語から、和語の上代古語への変遷です。

金錯銘鉄剣について

以上で、正史の中に残る倭語の解読話は、お終《しま》いです。書くのも大変ですが、読んで下さるのも大変なので、「お疲れ様」と言いたいところですが、ちょっと困った銘文が知られていて、何も言わずに済ませることが出来ない状況にあります。

事情を説明します。「埼玉稲荷山古墳出土金錯銘鉄剣」は、1968年に埼玉県行田市の埼玉古墳群の稲荷山古墳から出土した鉄剣です。1978年のX線検査で115文字の金象嵌された漢字銘文が明らかとなり、1983年には国宝に指定されています。現在は、「埼玉県立さきたま史跡の博物館」で窒素充填されたショーケースに入って展示されているようです。

鉄剣が出土した埼玉稲荷山古墳は、墳丘長120mの前方後円墳で、古墳の編年では5世紀後半の築造なのだそうです。ただし、鉄剣と同時に出土した副葬品の画文帯神獣鏡の編年は、古墳築造時期より新しい6世紀前半なのだそうで、この辻褄が如何なっているのか、私にはよく分かりません。

博物館のガイドブックによると、銘文の文字判読は次の通りです。

（表）

『辛亥年七月中記乎獲居臣上祖名意富比垝其児多加利足尼其児名弖已加利獲居其児名多加披次獲居其児名多沙鬼獲居其児名半弖比』

（裏）

『其児名加差披余其児名乎獲居臣世々為杖刀人首奉事来至今獲加多支鹵大王寺在斯鬼宮時吾左治天下令作此百練利刀記吾奉事根原也』

さらに銘文の解釈例が付属します。

（表訓読例）

「辛亥の年七月中、記す。ヲワケの臣。上祖、名はオホヒコ。其の児、（名は）タカリのスクネ。其の児、名はテヨカリワケ。其の児、名はタカヒ（ハ）シワケ。其の児、名はタサキワケ。其の児、名はハテヒ」

（裏訓読例）

「其の児、名はカサヒ（ハ）ヨ。其の児、名はヲワケの臣。世々、杖刀人の首と為り、奉事し来り今に至る。ワカタケ（キ）ル（ロ）の大王の寺、シキの宮に在る時、吾、天下を左治し、此の百練の利刀を作らしめ、吾が奉事の根原を記す也。」

銘文の115文字のなかに鉄剣の製作者（発注者）の名前と、それに繋がる7名の祖先の名前、さらに製作当時の大王の名前と、その所在地らしい宮号が仮名漢字で書かれています。作刀者の家系は、代々、武人で宰補者であったようです。

仮名漢字の文字数は45文字、文字の重複が有るので、文字種は26文字です。この漢字の内、国字であって音読みの無い弖の字と、もう一つの意の字を除いて、他の全ての仮名漢字が音仮名として解読されています。そして世間の言語に関する結論は「時代が古い程、音仮名が多くなる」と言うことになっているようです。音仮名が多い万葉仮名の実績で語呂合わせ的に解読を進めて、結果的に「時代が古い程、音仮名が多くなる」が証明されたと言うのは、可笑しな論理です。遣隋使より前の仮名表記ですから、訓仮名を主体とした解読をするべきでしょう。

宰補の役目に使われる単語は、魏志倭人伝の中に結構沢山出て来ます。それらの単語が銘文の人名などに当てはまるかどうか、考えてみればよいのです。

魏志倭人伝の伊都の真名は、監統あるいは宰で、声音は［カス］で、宰補者の意味です。銘文の中では、［カス］と読めるのは、2代目の多加利足尼、3代目の弖已加利獲居の中の加利の二文字です。加利が、監統あるいは宰の字の［カス］で、宰補者の意味で一致しています。利の字には倭訓に［するどい］があるので訓仮名としては［ス］でしょう。

魏志倭人伝の難升米の難升の真名は監空で、声音は［カマ］で、天空の宰補者の意味です。

銘文の中では、［カマ］と読めるのは、４代目の多加披次獲居の中の加披です。披の字には倭訓に［まとう］があるので訓仮名としては［マ］でしょう。

魏志倭人伝の卑彌呼の卑彌の真名は空廟で、声音は［マミ］で、天空の宗廟の意味です。また彌奴國の彌奴の真名は廟空で、声音は［ミマ］で、語順を入れ替えただけで同じ意味です。銘文の中では、［ミマ］と読めるのは、５代目の多沙鬼獲居の中の沙鬼です。沙の字には倭訓に［みぎわ］があるので訓仮名としては［ミ］でしょう。鬼の字は万葉仮名では［マ］であって、音読みの［キ］ではありません。おそらく、鬼の字を魔物［まもの］と読んで、初頭音節を取った訓仮名ではないでしょうか。ただし魔の字の［マ］は音読みであって、難解《ややこ》しいところはあります。

魏志倭人伝の斯馬國の斯馬の真名は鎮女で、声音の［シメ甲］は、後に［シマ］と読まれます。宗廟の守護役の意味です。銘文の中では、［シマ］と読めるのは、大王の政庁である斯鬼宮の斯鬼です。鬼の字は、５代目の多沙鬼獲居と重複しているので、沙鬼が［ミマ］なら、斯鬼は［シマ］です。

こうして見ると、魏志倭人伝で解読した単語が、随分と鉄剣銘文にも使われているのです。特に注目されるのは、多の字です。この字は2代の多加利足尼、４代の多加披次獲居、５代の多沙鬼獲居に使われていて、すぐ後ろの加利［カス］、加披［カマ］、沙鬼［ミマ］を修飾するように使われています。そうすると多の字は、［タ］と読むのではなく、［オオ］と読むべきだと思います。多加利は大宰で［オオカス］です。多加披は大監空で［オオカマ］です。多沙鬼は大廟空で［オオミマ］です。

このようにして、多の字を［オオ］と読むと、大王の名前の獲加多支鹵を［ワカタケル］と読むことは、もう有り得ません。状況を既読表形式で表－125に示しておきます。

日本書紀は21代雄略天皇の諡号《シゴウ》を大泊瀬幼武［オオハツセワカタケル］天皇としているので、獲加多支鹵を雄略天皇のこととするのが定説のようになっていますが、これは無いでしょう。日本書紀によると、雄略天皇が薨去《コウキョ》されたのは、西暦479年です。これをもって、鉄剣の製作時期は5世紀後半と言うことになっているようですが、これも白紙に戻す方が良いでしょう。獲加多支鹵が雄略天皇なら、銘文の中の辛亥年は、西暦471年になります。これも白紙に戻した方が良いと思います。

表-125　金錯鉄剣銘文の既読表（意味対応のある部分）

1代上祖	2代	3代	4代	5代	6代	7代	8代作刀者	大王	政庁
意富比垝	多加利足尼	弖已加利獲居	多加披次獲居	多沙鬼獲居	半弖比	加差披余	乎獲居臣	獲加多支鹵	斯鬼宮
	オオカス	カス	オオカマ	オオミマ		カ	オミ	カオオ	シマミヤ
	大宰	宰	大監空	大廟空			臣	大	鎮女宮

監空の［カマ］は、天空の宰補者です。これも含めると、真名変換した中身は、監統で宰の［カス］が三名に入っています。これらの人名を、日本書紀から抜き出そうとしても、監統で宰の［カス］は忘訓ですから、出てくる筈もありませんが、同義の突厥語（古テュルク語）の伊利［イリ］［Ilig］で置き換えた人名は、日本書紀にも多く出て来ます。10代崇神天皇が御間城入彦五十瓊殖［みまきいりびこいにえ］、11代垂仁天皇が活目入彦五十狭茅［いくめいりびこいさち］で天皇の諱《いみな》に入［イリ］が直接入っています。次の12代の景行天皇は大足彦忍代別［おおたらしひこおしろわけ］で諱には、入の字は入《はい》っていませんが、この10代から12代天皇の后妃や皇子女には、入［イリ］の入った人名が集中して出て来ます。ですから、作刀者の家系はこの頃のものと考えられます。また、日本書紀の記述は、成立までの何処かで、［カス］が［イリ］に置き換えられたと考えられます。

廟空の［ミマ］は、天空の宗廟です。この［ミマ］のついた人名を、日本書紀から探すと、4代孝昭天皇の観松彦香殖稲［みまつひこかえしね］、10代崇神天皇の御間城入彦五十瓊殖［みまきいりびこいにえ］、同天皇の皇后の御間城姫［みまきひめ］、17代履中天皇の皇子の御馬皇子［みまのみこ］がヒットしてきます。時期も飛び飛びなので、たまたまの一致を拾っているだけ、という気がしないでもありません。しかし、10代崇神天皇の御間城入彦五十瓊殖［みまきいりびこいにえ］、同天皇の皇后の御間城姫［みまきひめ］の所だけは、集中して出てくるし、先述の［カス］の出方とも重複します。ですから、作刀者の家系はこの頃のものではないでしょうか。

魏志倭人伝の斯馬は、鎮女で「屬女の政庁」です。銘文の斯鬼宮も同じ意味で使っているようです。この鎮女と思われる［しま］は、倭名類聚鈔では筑前國志摩郡の他に、現在の三重県、旧の東海道にも志摩國があります。こちらの志摩國は、古くから皇大神宮であった伊勢神宮のすぐ南にある国で、魏志倭人伝と同じ事情で、［しま］と呼ばれたようです。

翰苑は、唐代の初期に書かれた初学者向けの解説書です。現在は太宰府天満宮に第30巻と叙文の写本が残るだけです。これも国宝に指定されています。この写本は誤字や脱文が多く、あまり信頼される文献ではないと言われています。しかし、倭國の条は、いきなり、『憑山負海鎮馬臺以建都』で始まるのには驚かされます。鎮馬は［しま］鎮女と読めますし、臺の字を「皇帝の宮殿」の意味に取って、同じ意味の宮の字に置き換えると、鎮馬臺は鎮女宮［しまのみや］と読めるからです。

声音の［しま］は、他にも、四馬、島、嶋、洲など、様々な地名に充てられており、銘文の『大王寺在斯鬼宮時』から、当時の都の場所や、鉄剣の製作時期を推定するのは、ほぼ無理でしょう。

訓読例の読み方《かた》の方《ホウ》が、学術的なレベルを踏まえた解読で、学術的なレベルに達しない（……？　学術的なレベルを飛び越えている）のが私の解読ですが、しかし、「埼玉稲荷山古墳出土金錯銘鉄剣」の銘文の解読は、万葉仮名の音仮名に拘《こだわ》り過ぎていると思えるのです。そう言う事をすると、魏志倭人伝で伊都國を［イト］と読んだために起こった混乱を繰り返すことに成りかねません。もう一度、考え直した方が良いと思います。

こういうふうに言うと、専門の先生方の解読に文句だけ言って、全体に決着を付けずに逃げてしまう、卑怯な終わり方になってしまいます。そこで、私流の無茶読みですが、試読で叩き台ぐらいに思って、全訓を付けておきます。何しろ、銘文中に命名の意味が殆ど書かれていないので、自信を持って読み切ることが出来ません。方向性としては、万葉仮名の実績を全て無視して、出来る限り訓仮名として読み、らしき意味を持った倭真名を引き出せるものを選んだという処《ところ》です（表－126）。

表-126　金借鉄剣銘文の既読表（全想定）

1代上祖	2代	3代	4代	5代	6代	7代	8代作刀者	大王	政庁
意富比垝	多加利足尼	弖已加利獲居	多加披次獲居	多沙鬼獲居	半弖比	加差披余	乎獲居臣	獲加多支鹵	斯鬼宮
オトタケ	オオカスアニ	テヤカスウス	オオカマツウス	オオミマウス	ハテタ	カサマツ	ヲウスオミ	ウカオオツカ	シマミヤ
乙武	大宰兄	掌屬宰貴	大監空津貴	大廟空貴	辺帝	重待	小貴臣	産禾大陵	鎮女宮

鹵の字は、鹹鹸鹻などの形声文字の旁《つくり》と考え、これらの倭訓の［からい］（塩辛《しおから》いの意味）から［か］としました。垝の字は、旁《つくり》の危の字の訓読みの［けわしい］から［け］としました。余の字は、途の字の倭音の［ツ］から、もらっています。その他の文字は、普通に倭音の法則に従うものとして処理しています。

敬称のように見える獲居の二文字は［うす］としています。これは、日本書紀の日本武尊の幼名の小碓［おうす］を意識した恣意的なものです。日本武尊は東国遠征をした武人でもあるので、鉄剣の出土地が埼玉県であっても矛盾がないからです。また日本武尊は、12代の景行天皇の皇子で、入［イリ］の付く諱を多用する時代の人物です。

また、獲居の二文字の［うす］は、普通なら稀の字を充てるところですが、同義遷訓を考えて、希少価値が高いと言う意味で、貴の字を充てています。これは、日本書紀の三貴子［みはしらのうずのみこ］に倣ったものです。

獲加多支鹵大王の支鹵は［つか］で、普通なら塚の字を充てるところですが、同義遷訓を考えて、陵の字を充てています。これは、16代仁徳天皇の大鷦鷯［おおさざき］を意識した恣意的なものです。

そもそも、人名の命名意図が殆ど示されていないので、かなり恣意的なことを考えないと、如何《どう》読んでいいのか分かりません。その結果が、日本武尊と、日本書紀では日本武尊の曾孫《ひまご》の仁徳天皇が同時代人と言うことになって、辻褄は合っていません。他の読み方を考えても、やはり、日本書紀と辻褄を合わすことが出来ません。かと言って、日本書紀を誤りであるとする根拠も十分にはありません。辻褄を合わすには如何すれば良いのか、知恵が回りません。こうなってくると、叩き台で、叩かれ放題の読みにしかならないでしょう。意味の推定が出来ないのに、全てに訓を付けようとするのは、やはり無理です。意味対応のある、表１－１２５の「金借鉄剣銘文の既読表（意味対応のある部分）」までを正解とするのが無難だと思います。

おわりに

そもそも、古代史や国語や言語などと言うものは、私の専門では有りませんし、また人にものを教える立場にもありません。学生時代には、生化学の応用分野に学び、後は企業の開発研究者であって、何か商売の種《ねた》を求めて、追究することが本能のようになっていた私です。それが、定年退職と共に研究の場を失ってしまいました。それで、研究の種《ねた》を求めてネットを徘徊するようになります。その時に追跡していたのは、分子遺伝学の最近の進展だったのですが、ネット検索を繰り返すうちに、ある歴史系のブログの、人類学の記事を読みに行きます。ところが人類学の記事は大したことが無くて、そのすぐ近くに、最近の考古学上の発見を取り上げた、邪馬台国大和説の記事が目に留まります。今から、五年前の事です。私の目から見ると、この分野が未だに、大和だの、九州だのと、昔ながらの議論を続けていることが驚きです。ですから、邪馬台国（原文では邪馬壹國）が本当に大和にあったと考えて良いのかどうか、魏志倭人伝の原文に当たって、自分の目で確認することにして、早速、ネットから三國志の原文を探し出してきます。ネット地図を横目に、原文を黙読してみるのです。漢語は基本的に一単語が一文字で、しかも語順以外に難しい文法が殆どないので、漢字の字義さえ分かれば、文意を採《と》るのは素人でも簡単なのです。文意を採るのに漢字の声音は必要ありません。また字義が分からなければ、今時、ネット辞書で簡単に知ることが出来ます。それで原文の文意と、地図を見比べた結果が、「魏志倭人伝、国名の比定地」の章立てに纏《まと》めた中身だったのです。ここまで理解するのに要した時間は、原文をダウンロードしてきてから、僅か二時間ほどです（ただし、この章立てを書き上げるのは、もっと膨大な時間が掛かっています）。

邪馬台国の九州説や大和説や出雲説や吉備説やその他非常に多くの説があるようですが、それらの説は何れも魏志倭人伝の地理的記述の解釈に端を発する仮説である訳《わけ》です。仮説を立てるのに、科学者ならば、魏志倭人伝の地理的記述を最も合理的に、矛盾が少なく、説明できる解釈を仮説に設定する筈です。ところが殆どの説は、地理的記述の方位が誤りであるとするか、或いは地理的記述の距離里程が誤りであるとするかの何れかであって、魏志倭人伝の地理的記述が誤りであることを前提にした仮説なのです。こういうのは科学の定石を外《はず》した行き方です。長きにわたって決着が着かないのであれば、一旦、虚心に戻って、地理的記述を肯定的に捉えて、方位里程の誤りを最小とするような解釈を求めるべきだと思います。そういう思いで、「魏志倭人伝、国名の比定地」の章立てを書いています。原文の『計其道里、當在會稽東冶之東。』の一カ所を除けば、他の方位里程は全て肯定的に解釈できます。方位里程の誤りを最小とするために、皺寄せが周辺の記述の解釈に振られています。ガイドブックがあったとか、遷都の為に投馬國が付加されたと言うような解釈です。

これほど簡単に読める原文の解釈が、なぜ長期論争の的になるのか。おそらく、読み手の諸般の事情で屋上屋を重ねて屈折したのでしょう。しかし、それを客観的に証明するものが有り得るでしょうか。例えば、「親魏倭王」の金印が出土すれば、それは直接証明です。また、卑彌呼の墓碑が出ても、直接証明です。しかし、大規模な遺跡や、建造物の遺構が出ても、そういう物は、そこに大勢力が在った証明にはなるけれど、そこに邪馬台国が在ったことにはならない、間接証拠でしかないのです。要は、直接証明には文字を伴った、意義が直接的に理解できる遺物が出土する必要があるのです。邪馬台国の存在を証明する、文字を伴った遺物などと言うものは、将来出土する可能性はありますが、現在そんなものは見つかってはいません。だから直接的な証拠なんぞ、現在は有りません。

それって、本当ですか。魏志倭人伝の中には、漢字で記載された倭人の言葉が沢山出て来ます。これらは、漢籍の中に埋蔵された、文字で書かれた遺物である、と解釈してはいけないでしょうか。直接的な証拠になりえる、文字を伴った遺物は既に出土しており、解読されるのを待っているのが現状であると。解読の結果、方位里程を肯定的に解釈した国名や、皺寄せを受けた、「ガイドブックがあった」とか、「遷都の為に投馬國が付加された」とか、周辺の記述の解釈が、合理的に意味理解されるなら、それが直接証明であると考えられます。

そんな考え方ですから、魏志倭人伝の歴史論議の中で、倭語の議論は重要にもかかわらず、そこにポッカリと大穴が空《あ》いているように見えたのです。学問体系の中に穴が空いていれば、それは必ず埋められなければならない、と考えるのは科学の常道です。そこで、本能的に倭語の解読にチャレンジすることになります。魏志倭人伝の中の十個程の単語が解読出来て、倭語解読に自信がもてたのは、原文をダウンロードしてきてから、僅か一週間ほど後のことです（残りは、後で補充したもので、こちらにはもっと膨大な時間が掛かっています）。

「倭語の解読」などと、格好つけた言い方をしていますが、最初の解読は実に素朴で、いい加減です。例えば、卑彌呼のことを屬女王と言い、卑彌呼の国を邪馬壹國と言い、その国を日本書紀では八女縣と言っているのですから、屬女と邪馬と八女は同義で同音だろう、くらいのことは見た途端に分かります。そういうのがいっぱいあって、直観的に分かるのです。だからと言って、解読の手法と解読結果を他人に伝えるのに「見たら分かるでしょう」と言ったところで、通じる訳《わけ》が有りません。もう一寸《ちょっと》、字音や字義というものを解析的に捉えて分類しなければいけないでしょうし、解読手法の導出の各ステップを順々に説明して、納得を得るようにしないといけないでしょう。

用語の遣い方も、言語や国語の分野の人が読んでも、違和感のないものにしないと、話が通じないことになります。しかし、泥棒を捕まえてからの縄綯《なわな》いで、言語や国語の分野の勉強をして、知識を詰め込むのですが、如何せん、違う専門分野での体系付けられた概念は、なかなか身に付きません。ですから、専門の先生方から見れば、用語の遣い方は、いい加減な自己流になっていると思います。それに、私が勝手な造語を次々繰り出すものですから、それを不快に思われる方もいらっしゃると思います。ですから、専門用語や、その背後にある体系付けられた概念の方から、用語の誤用の指摘があった場合には、「ゴメンナサイ」と謝って、自己流に対して理解を乞うしか手が無いと思います。

解読手法の導出の第一ステップは、万葉集の和歌を使った、解読ノーハウの収集です。普通の良い子であれば、万葉集の解読の勉強をするのに、評価の確定した和歌を使うだろうと思います。しかし、そんな事をすると、既存の万葉仮名の音韻論や、古語の語彙や文法を追認するだけで、新しいものは何も出て来ません。私は良い子ではないので、定訓の無い未解読歌を使います。本来、文字というのは、後《あと》に記録を残すために有るのですが、それが読めなくなると言うのは、目的が達せられない病的な状態です。その病的な状態を調べれば、目的を達する、言い換えれば通読のできる正常な状態が、如何いうように成り立っているかが理解できるのです。こういう病理的な考え方は、科学の各分野に深く浸透していて、かなり汎用されるものです。

解読手法の導出の第二ステップは、字義と字音の関係を見定めることに使っています。前にも述べたように、麢女と邪馬と八女は同義で同音だろう、くらいのことは見た途端に分かるのですが、字義と字音を如何いうふうに結び付ければよいかを見ておかないと、客観性の高い解読は不可能になります。このために「魏志倭人伝、国名の比定地」「声音のピックアップ」「倭音の法則」の三つの章立てを使っています。

「倭真名変換法」の章立ては、解読手法の導出の最後のステップです。「見たら分かるでしょう」ではなく、具体的に明示的に解読の手続きを示すことに使っています。


「魏志倭人伝の倭語の解読」以降の章立ては、個々の倭語の単語の解読結果を、歴史談義や言語談義を交えながら、お知らせすることに終始します。

最初の解読は、最もインパクトの強い物を選んで伊都［カス］（真名は監統あるいは宰）にしました。一つには、倭真名変換法の考え方を、最もよく表した解読例であったからです。次に、魏志倭人伝の地理的記述が誤りであることを前提にした殆どの仮説を、根本的に覆《くつがえ》す解読であったからです。さらに監統の［カス］は、辞書にない、何人も意味理解できていない、想像できない単語で、ギャップ感が新鮮であったからです。さらに、派生語や類義語が多く、また、形声などの造語法の特徴を引き出せる、後の解読への影響も大きな解読例であったからです。また、［カス］は地域を越え、時間を超えて東アジアで広く使われた単語であって、これがこのレポート後半の倭語の系統論に繋がっていきます。ですから、最もインパクトの強い解読なのです。

魏志韓伝の倭語解読に取り掛かったのは、私の方位里程仮説から出てくる必然です。しかし、例の長い『臣智或加優呼臣雲遣支報安邪踧支濆臣離兒不例拘邪秦支廉之號』が難解でなかなか読めません。その時に練習問題として、並行して解読を進めたのが、万葉集の未解読歌でした。万葉集の未解読歌の部分解読がヒントになって、魏志韓伝の長文の部分解読に繋がり、魏志韓伝の長文の部分解読がヒントになって、万葉集の未解読歌の解読が進むと言う具合に、両方の解読が助け合って、ほぼ同時に解読が終わりました。同時に、後で倭真名変換法と名付けた解読手法を、初めて、明確に意識することが出来るようになりました。ここまでは、原文をダウンロードしてきてから、一カ月ほど後のことです。このころはまだ、家計の足しに仕事をしていて、倭語の解読ばかりしていたわけではないので、それを考えると、非常なハイスピードで解読作業が進んだと言うことです。

匈奴の言語に飛んで行ったのは、陳寿先生の言語議論を信じたから、また、匈奴語を解読することが、魏志倭人伝の倭語の議論をより確かなものにしてくれると思ったからです。しかも、漢書を覗いてみると、『匈奴謂賢曰「屠耆」』のように、見ただけで、倭語だと分かる言葉が簡単に見つかる、相当に敷居の低い解読であったからです。

問題は、匈奴の姓の攣鞮です。この訓読みが「つるくつ」で、テュルク（トルコ）のことを言っているのは、見た途端に分かります。ですから匈奴語を追いかけて、時代を下れば、行き着く先に突厥語（古テュルク語）が在るのは目に見えているのです。これはさすがに足の竦《すく》む思いで、素人の出来ることでは無い、もう倭語解読は打ち切ろうと、一度は思いました。ネットの中に突厥碑文の専門サイトを見つけて、救われた思いです。考えてみると、漢字の専門知識に乏しい私に漢籍が読めるのも、専門の先生方の研究の積み重ねが辞書になり、さらに漢字に文字コードが与えられて、ネット経由で原文と辞書の閲覧と検索ができるからです。結局のところ、私のしていることは、専門の先生方が確《しっか》りとした研究を積み重ねて来られて、その僅かな隙間《すきま》を狙って急《いそ》ぎ働《ばたら》きをしているに過ぎないのでしょう。

ともあれ、魏志倭人伝の原文をダウンロードしてきてから二カ月後には、鮮卑語を通り過ぎて突厥語に至り、さらに、遣隋使が隋朝に伝えた倭語にまで届いていました。ここで初めて、解読内容を書き物にして、残したいと考えるようになりました。それだけの、新規性も重要性もあると思えたからです。

以降は、このレポートを書きながら、並行して解読作業を進めています。まず、バランスを考えて、夏后語を追加します。史記や漢書が『匈奴，其先夏后氏之苗裔』と書いているので、夏后の言語が匈奴語と同じく倭語交じりであるのは、確実に見えたからです。もう一つ、ここまで古代に遡ると、物を見る目が変わるのです。古語の解読と言っても、現代語の視点から、過去の古語を推定しているに過ぎないのですが、ここまで古代に遡ると、既読の倭語の単語が蓄積され、さらに古代人のハートも分かるので、現代語と上代古語の間で、ターゲットの古語を挟み撃ちにすることが出来るようになります。両視点で物を見ることが出来るのです。これは大きい。

最初は、扱う史書を中国の正史に限定しようと思っていたので、半島の正史の三國史記には、取り合わないことにしていました。そこまで範囲を広げると、分量が多くなって大変だし、関係がギクシャクした昨今ですから、変なところに気を遣うのも嫌な気がしたからです。ところが、五帝や夏后の言語が読めると、王統を言い表すのに使われる言葉が分かるので、三國史記の高句麗、百済、新羅の最初の王の名前ぐらいは、原文に目を通す前から予想することが出来ます。また、金富軾先生の技巧的で難解な王名の議論にも、振り回されることなく、簡単に追従できます。それで「新羅、高句麗、百済の言語」の章立てを追加しました。

その他には、各章立ての中の、解読する単語を、大幅に増やしました。最初は幾つかの単語を解読して、理解した気に成っていたのですが、あまりに少ないのは、早とちりの可能性が高いので、数を稼ごうとしました。その量は相当なものですが、後でまた、かなりの量を削除しました。削除された多くは、単語の出典が記紀にあるもの、あるいは、声音と見合わせる方の意味を記紀から取ったものです。記紀の物語自体が客観的に正しいとは言い難いので、意味を記紀から取った解読も正しいとは言い難いからです。

また、私が専門外で苦手としているものは国語や言語、それに歴史学や考古学だって、よく分かってはいません。機会あるごとに、ネット検索を繰り返して、周辺知識を仕入れるのですが、どの分野も奥が深い。検索の度に、新しい（私が知らなかっただけです）論説や事実に出会います。論説が自説と異なるのは、これまでの先生方と違う考え方をしたのですから、仕方が無いのですが、その度に、自説が間違いなのかと不安になって、思考に耽《ふけ》ったり、文章を触ったりしています。

例えば、上代古語の声音には、歴史的仮名遣いや上代特殊仮名遣いの他に、そもそもの発音自体が今とは違っていたと言う議論があります。母［はは］は、室町時代には［ふぁふぁ］だった、奈良時代には［ぱぱ］だった、みたいな音韻学的な内的再構の議論です。これ等《など》は、子供の頃から（私の初耳《はつみみ》は小3で58年前）、笑い話みたいにして聞かされていたので、まったく知らなかったわけではありませんが、解読作業に当たっては、すべて無視しています。時代と共に一律に声音が変遷したのなら、発音が如何《どう》変遷しようとも、意味との対応関係は変わらないからです。しかし、音韻議論の大元になっているのは、漢籍や仏典の真名と、万葉仮名の中の音仮名であって、訓仮名は恣意的に無視されています。ですから、私のように、倭音の法則や、倭／漢声変換みたいなことを考え、色々とキーワードを工夫して検索をすると、出てくるのは否定的な議論ばかりで、戦う前から味方はなく、四方八方、敵ばかりという状況です。先生方と違う考え方をしたのですから、仕方が無いのですが、気が滅入ってきます。

例えば、古代ペルシャの宗教にゾロアスター教と言うのが有ります。古代ペルシャは、アケメネス朝（紀元前５５０年～紀元前３３０年）の時代、中央アジアやインドの北部までを版図とした、当時の世界帝国です。ギリシャのアレクサンダー大王に敗れた後も、パルティア（中国名は安息）となって、史記や漢書に出て来ます。また、匈奴によって中央アジアに追いやられた月氏なんかは、ペルシャ系の遊牧民族であると言う説明が辞書や歴史書に普通に出て来ます。そのゾロアスター教の主神はアフラ・マズダ［Ahura Mazdā］ですが、この初頭開放音節をとると［アマ］で、匈奴や鮮卑の天空［アマ］と同じ声音になります。たまたまの一致だろうと思いますが、その意味を見てみるとアフラは主《あるじ》の意味、マズダは賢明《ケンメイ》の意味だそうです。匈奴は天空［アマ］ですが、匈奴の単于や、その配下の左右の賢王は、賢［サト］であって、今度は声音ではなく、意味でアフラ・マズダと一致することになります。これも、たまたまの一致だろうと思いますが、「たまたま」も連発すると、「もしかして」と言う気になってくるものです。

ただ、これまでのところ、言い訳の出来ない、自説が根本的に間違いだと思える事実には出会っていませんが、これから先も心臓に良くない状況は続きそうです。

最後になります。倭語は有史以前に東アジアを広く覆った汎東洋言語で、漢語の興隆と共に中華で中抜けし、さらに大陸北方と東方で声音が変遷し、最後に列島に残って、和語に引き継がれた言語です。

倭語は、漢字を訓読する他に、倭語単語の初頭音節を漢字の字音に充てた倭真名表記と、倭仮名での声音表記とを特徴とします。

倭訓の初頭音節を漢字の字音に充てた倭仮名は、遣隋使以後に、音仮名を主体にした万葉仮名に置き換わって、和語に引き継がれたのです。

以上、倭語の解読の証《あかし》として、解読表を提出します。内容の是非の判断をお願いします。また、下手な文章を最後まで御精読下さいまして、有難うございます。

貫名康之

令和元年7月31日

貫名　康之（ぬきな　やすゆき）
昭和27年８月12日生まれ
大阪府出身

倭語論
— 卑彌呼の言語の解読レポート —

2020年１月29日　初版第１刷発行

著　者　貫名康之
発行者　中田典昭
発行所　東京図書出版
発行発売　株式会社 リフレ出版
〒113-0021　東京都文京区本駒込 3-10-4
電話 (03)3823-9171　FAX 0120-41-8080
印　刷　株式会社 ブレイン

ISBN978-4-86641-294-8 C0021
Printed in Japan 2020

ご意見、ご感想をお寄せ下さい。

［宛先］〒113-0021　東京都文京区本駒込 3-10-4
東京図書出版